全国教育科学"十三五"规划2018年度教育部青年课题：新工业革命时代高职学生职业核心素养评价与发展研究（课题编号：EJA180468）

高职学生职业核心素养及其培养研究

桑 雷 著

南京大学出版社

图书在版编目(CIP)数据

高职学生职业核心素养及其培养研究 / 桑雷著. ——南京：南京大学出版社，2020.9
ISBN 978-7-305-23794-2

Ⅰ.①高… Ⅱ.①桑… Ⅲ.①高等职业教育－素质教育－研究 Ⅳ.①G718.5

中国版本图书馆 CIP 数据核字(2020)第 169593 号

出版发行	南京大学出版社		
社　　址	南京市汉口路 22 号	邮编	210093
出 版 人	金鑫荣		

书　名 高职学生职业核心素养及其培养研究
著　者 桑　雷
责任编辑 武　坦　　　　　　编辑热线　025-83592315
助理编辑 张亚男

照　　排　南京开卷文化传媒有限公司
印　　刷　广东虎彩云印刷有限公司
开　　本　718×1000　1/16　印张 12.5　字数 211 千
版　　次　2020 年 9 月第 1 版　2020 年 9 月第 1 次印刷
ISBN 978-7-305-23794-2
定　　价　49.80 元

网　　址：http://www.njupco.com
官方微博：http://weibo.com/njupco
官方微信号：njupress
销售咨询热线：025-83594756

* 版权所有，侵权必究
* 凡购买南大版图书，如有印装质量问题，请与所购
　图书销售部门联系调换

序　言

"教育要培养什么样的人",是当前全社会都在关注的热点话题,同时也是教育领域必须要思考和面对的问题。在对这一问题探索的过程中,学界纷纷将目光转向"核心素养"。从本质上来说,关注学生的核心素养,就是关注"教育要培养什么样的人"这一最根本的教育问题。《高职学生职业核心素养及其培养研究》一书聚焦这一热点话题展开研究,系统回答了"职业核心素养何以理解""职业核心素养何以呈现""职业核心素养何以培养",既是对理论问题的回应,也是对实践问题的观照。总的来说,我把对这本书的感受简要概括为实践之感、理论之思、问题之见、对策之探。

实践之"感"。本书的作者桑雷博士有着十几年的高职教育研究和实践经历,认识到高职教育人才培养对工具理性的过分强调,导致了就业结构性矛盾、离职率居高不下等现实问题,在对问题的思考中引入职业核心素养,具有较好的问题导向性。

理论之"思"。本书遵循着"技术·生产·人"的逻辑理路,在职业与教育发展变化的情境中,提出并探讨了职业核心素养及其教育价值。在理论阐释和实证调查的基础上,构建了"四层面二十八要素"的高职学生职业核心素养"同心辐射型"结构模型,具有较强的理论创新性。

问题之"见"。本书花费了大量时间和篇幅,对高职学生职业核心素养与培养现状进行了全面的"诊视",提出了目标割裂、理实脱节、协同不足的问题,并将其归因于理念的束缚、制度的羁绊、条件的制约,这些结合现实问题的思考是深刻且有见地的,具有较强的现实针对性。

对策之"探"。本书的对策建议建立在问题分析的基础上,可以说是"对症下药"。书中提出的关于高职学生职业核心素养培养的理念、路径和方法，其概括和凝练出的支持体系、培养体系、管理体系都是详实而具体的，具有较好的实践操作性。

总之，本书是桑雷博士根据学位论文修改而成，也是从事职业教育多年实践认识的理论呈现，体现了坚实的研究功底和浓厚的职教情怀。当然，在内容和方法等方面都还存在深掘的空间，但瑕不掩瑜。正如书中写的那样，作为常研常新的话题，也希望本项研究能够抛砖引玉，启发思考，打开一扇窗，成就一片天。

基于对桑雷博士学术研究的肯定和实践探索的鼓励，写下感受，是为序。

南京师范大学教育科学学院院长
博士生导师
2020 年 8 月 26 日

前　言

当前，为应对信息社会经济迅猛发展的挑战，教育领域对人才培养目标进行着新的思考，以学生发展核心素养为目标引领教育改革，已成为全球教育领域的基本共识。从本质上讲，关注学生的核心素养，就是关注教育要"培养什么样的人"这一根本性的问题。对于学生核心素养的理解，必须将其放到具体的时代背景和教育情境中去，不同背景、不同类型乃至不同学段的学生核心素养是不同的。研究聚焦职业核心素养，把核心素养放到职业发展变化的情境中进行理解，通过职业发展变化中人才素养关注点的变化，认为职业核心素养是职业发展变化对职业人才素养的要求，直接与职业环境和岗位能力相对接，关涉个体的社会适应性、岗位竞争力和职业发展性的必备品格与关键能力，指向于个体进入工作岗位，胜任岗位工作、适应社会发展和个人职业发展必需的知识、能力、情感、态度和价值观的集合。其核心特质在于其是一般职业素养的精髓和灵魂，具备联结或活化其他素养的意义化能力。

高职学生职业核心素养模型的建构，必须将其限定在特定的背景下做针对性的理论探讨。基于模型构建与各种教育学理论的基本对应关系，高职学生职业核心素养模型构建的学理基础涉及与内容相关的职业成长规律理论、与结构相关的多元智能理论、与要求相关的人职匹配理论。同时，结合高职教育的类型特征和学段特点，以及高职学生的个体成长特点，高职学生职业核心素养的模型构建需要综合考虑价值维度、结构维度和层次维度三个维度，在价值维度上体现出适应未来职业发展与人的终身学习需要，在结构维度上体现出强调个体、国家和社会发展的统一，在层次维度上体现出符合高职教育文化和学段发展特点。基于此，研究综合考虑企业人才需求和高职学生职业发展需要,着手构建高职学生职业核心素养模型。在模型构建的过程中,采用"整合型"的构建思路,借助文献分析、问卷调查、专家咨询等研究方法,按照人与自我、人与工具、人与社会三个维度编制调查问卷,对江苏省8所高职院校的紧密型合作企业实施问卷调查,获得有效样本411个,利用SPSS 22.0软件进行探索性因素和验证性因素分析,析出高职学生职业核心素养要素28项。据此,构建起"同心辐射型"高职学生职业核心素养模型。其中,核心价值观为内核,职业品格与修养、生活与生涯素养、学习与创新素养、信息与技术素养四个层面为中间层,与之相对应的二十八项要素为外围层。

通过对江苏省部分高职院校的教师和学生进行调查,高职学生职业核心素养及其培养,总体上具有较好的成效,但也存在着"重观念轻设计"目标割裂的问题、"重传授轻应用"理实脱节的问题、"重教育轻融入"协同不足的问题。探究问题存在的原因,主要归因于理念的束缚、制度的羁绊和条件的约束。针对高职学生职业核心素养培养中存在的问题,综合考虑高职人才培养的模式与特征,以及素养的结构与特点,提出高职学生职业核心素养培养的基本设想和可行路径。反映在高职学生职业核心素养培养的具体实践中,多元主体的协同配合为素养培养提供了必要性基础,需要进一步明确培养主体的职责和功能,加强整合和互动,共同构建起高职学生职业核心素养培养的支持体系。在此基础之上的培养体系优化和管理机制革新则提供了可行性策略。其中,培养体系的优化是高职学生职业核心素养有效培养的路径和方法,具体包括四项措施,即培养目标"嵌"素养,优化目标体系;课程教学"练"素养,优化内容体系;实践活动"攒"素养,优化服务体系;质量监控"验"素养,优化评价体系。管理机制的革新是高职学生职业核心素养有效培养的条件和保障,为此需要完善四项机制,即"柔性化"的组织管理机制、"系统化"的课程管理机制、"双师型"的教师管理机制和"深层次"的校企合作机制。

作　者

2020年8月

目 录

第一章 绪 论 ·· 1

  第一节 研究背景及意义 ··· 1

    一、研究的背景 ·· 1

    二、研究的意义 ·· 3

  第二节 研究现状及进展 ··· 10

    一、关于职业素养的内涵及培养研究 ··· 10

    二、关于核心素养的内涵及结构研究 ··· 13

    三、关于素质模型的理论及方法研究 ··· 17

    四、关于学生素质的培养及评价研究 ··· 18

  第三节 研究思路、内容及方法 ··· 21

    一、研究的思路 ·· 21

    二、研究的内容 ·· 22

    三、研究的方法 ·· 24

    四、核心概念的界定 ·· 25

第二章 核心素养与高职教育人才培养的关系探讨 ······························ 32

  第一节 职业发展变化中的素养考察 ··· 32

一、农业社会与操作技能 ………………………………… 33
　　二、工业社会与职业能力 ………………………………… 34
　　三、信息社会与核心素养 ………………………………… 35
第二节　职业发展变化中人才素养的教育考察 …………… 38
　　一、职业人才素养教育的演进与发展 …………………… 39
　　二、职业人才素养教育中的价值坚守 …………………… 39
第三节　职业与教育互动中的职业核心素养及其价值 …… 41
　　一、基于职业人才培养的职业核心素养理解 …………… 41
　　二、基于职业核心素养的高职教育价值表达 …………… 44
本章小结 …………………………………………………………… 47

第三章　高职学生职业核心素养模型构建的理论分析 ………… 49
第一节　高职学生职业核心素养模型构建的学理基础 …… 49
　　一、高职学生职业核心素养内容与职业成长规律理论 … 49
　　二、高职学生职业核心素养结构与多元智能理论 ……… 51
　　三、高职学生职业核心素养要求与人职匹配理论 ……… 53
第二节　高职学生职业核心素养模型构建的维度考量 …… 53
　　一、高职学生职业核心素养模型构建的价值维度 ……… 54
　　二、高职学生职业核心素养模型构建的结构维度 ……… 55
　　三、高职学生职业核心素养模型构建的层次维度 ……… 57
第三节　高职学生职业核心素养模型构建的模式选择 …… 59
　　一、国外典型的核心素养模型 …………………………… 59
　　二、我国典型的核心素养模型 …………………………… 64
　　三、高职学生职业核心素养模型的可行模式 …………… 67
本章小结 …………………………………………………………… 68

第四章　高职学生职业核心素养模型构建及结构分析 ………… 70
第一节　高职学生职业核心素养模型的构建流程 ………… 70
一、模型构建的思路与方法 ………… 70
二、问卷的编制与调查实施 ………… 72
三、调查数据的统计与分析 ………… 76
第二节　高职学生职业核心素养模型的结构特征 ………… 80
一、高职学生职业核心素养模型的构建 ………… 80
二、高职学生职业核心素养模型的特征 ………… 82
第三节　高职学生职业核心素养模型的要素描述 ………… 86
一、职业品格与修养:要素及其表现 ………… 86
二、生活与生涯素养:要素及其表现 ………… 88
三、学习与创新素养:要素及其表现 ………… 89
四、信息与技术素养:要素及其表现 ………… 91
本章小结 ………… 93

第五章　高职学生职业核心素养培养现状的调查分析 ………… 95
第一节　高职学生职业核心素养培养的现状分析 ………… 95
一、高职学生职业核心素养情况调查 ………… 95
二、高职学生职业核心素养培养情况调查 ………… 100
第二节　高职学生职业核心素养培养存在的问题 ………… 102
一、重观念轻设计,素养培养存在目标割裂的问题 ………… 102
二、重传授轻应用,素养培养存在理实脱节的问题 ………… 104
三、重教育轻融入,素养培养存在协同不足的问题 ………… 106
第三节　高职学生职业核心素养培养的问题诊断 ………… 108

一、理念的束缚:校企合作中冷热不均的"壁炉现象" …… 108
　　二、制度的羁绊:组织管理中各行其是的"梗阻现象" …… 110
　　三、条件的制约:资源配置中强弱分明的"失衡现象" …… 112
　本章小结 …… 114

第六章　高职学生职业核心素养培养体系优化及保障 …… 116
第一节　指向高职学生职业核心素养培养的主体协同 …… 116
　　一、多主体结合:明确职业核心素养培养的主体责任 …… 117
　　二、多要素互动:加强职业核心素养培养的资源整合 …… 121
第二节　指向高职学生职业核心素养培养的体系优化 …… 122
　　一、培养目标"嵌"素养,优化目标体系 …… 123
　　二、课程教学"练"素养,优化内容体系 …… 124
　　三、实践活动"攒"素养,优化服务体系 …… 130
　　四、质量监控"验"素养,优化评价体系 …… 132
第三节　指向高职学生职业核心素养培养的机制革新 …… 134
　　一、"柔性化"组织管理机制与素养培养活力 …… 134
　　二、"系统化"课程管理机制与素养培养动力 …… 136
　　三、"双师型"教师管理机制与素养培养能力 …… 139
　　四、"深层次"校企合作机制与素养培养合力 …… 142
　本章小结 …… 145

第七章　结　语 …… 148
　　一、研究的结论及观点 …… 148
　　二、研究的创新、反思及展望 …… 154

附 录 ··· 158

附录1　高职学生职业核心素养意见征求表 ·················· 158

附录2　高职学生职业核心素养调查问卷 ····················· 161

附录3　高职学生职业核心素养状况调查问卷(一) ········· 164

附录4　高职学生职业核心素养状况调查问卷(二) ········· 168

参考文献 ··· 173

第一章

绪 论

第一节 研究背景及意义

一、研究的背景

当前,知识经济(Economics of Knowledge)的发展推动社会发展进入信息社会。[①] 这种变化,一方面表现为现代化进程的加快发展,另一方面表现为社会类型的转变,伴随着传统因素和现代因素的此消彼长。在这一过程中,技术进步、产业转型、生产变革使产业价值链格局发生了深刻变化。为应对信息社会经济社会发展的新挑战,教育领域面临着人才培养新的目标和任务。全球范围内不同的国际组织、国家和地区进行了深入思考,21世纪的学生应当具备哪些素养,才能更好地适应信息社会职业变化的挑战。关于核心素养的研究席卷全球,其中,以学生发展核心素养为目标引领新的教育改革,已成为全球教育领域的基本共识之一。在此背景下,2014年,《教育部关于全面深化课程改革落实立德树人根本任务的意见》,从国家宏观层面明确组织

---

① 屠莉娅.基于变革社会的视角:核心素养阐发与建构的在思考[J].全球教育展望,2016,06(45):3-16.

研究并提出我国各学段学生发展核心素养体系。2016年9月,《中国学生发展核心素养》发布,提出以"全面发展的人"为核心,分为三个方面、六大素养,具体细化为十八个基本要点。2018年3月,北京师范大学中国教育创新研究院提出"21世纪核心素养5C模型",进一步丰富了我国核心素养的理论研究和实践探索。由此可见,核心素养作为一种教育理念,正逐渐成为我国教育改革领域中的重要目标和未来方向。

从本质上来讲,关注学生的核心素养,就是关注教育要"培养什么样的人"这一最根本的问题。进入职业教育研究的视域,被誉为职业教育开创者的黄炎培指出:"职业教育,以职业为方法而以职业为目的者也。"职业教育的目的是要"谋个性之发展,为个人谋生之准备,为个人服务社会之准备"。[①] 职业教育产生和存在的根本目的是人的职业生命能获得充分的发展。但是在经济社会发展的过程中,社会需要或者是社会标准却在一定程度上蒙蔽了这种原本的诉求,将职业教育变为培养人的职业技能为主要目的的活动,职业教育异化成为制器的工具,偏离了育人的目标。在高职教育领域出现了这样的问题:企业"用工荒"与高职应届毕业生"就业难"的结构性矛盾;近五年高职毕业生超过95%"协议就业率"与62%"对口就业率"的强烈反差;高职毕业生半年后的离职率连年超过40%,三年内的离职次数平均超过2.4次。高职教育人才培养实践中存在的类似问题,大处来讲是高职教育之于教育功能和价值的偏离,小处来看还是高职院校人才培养目标定位的问题。由此可见,"培养什么样的人"已经成为高职教育的一个新的时代之问,高职教育人才培养的核心究竟是什么?这既是一个现实的理论问题,更是一个亟待解决的实践问题。

研究基于信息社会职业教育改革与现实问题映照的交互,着眼于高职教育究竟要"培养什么样的人"的研究预设,旨在进一步明晰高职院校具体的人才培养目标和任务。即如何理解和表达高职学生的职业核心素养?如何对高职学生的职业核心素养进行呈现?如何培养高职学生的职业核心素养?这既是对高职教育提出的新课题,也是对高职院校提出的新要求,需要高职院校在人才培养实践中采取有效的举措予以落实。因此,研究在借鉴和吸收国内外理论研究和实践经验的基础上,结合我国职业教育发展

[①] 中华职业教育社.黄炎培教育文集(第一卷)[M].北京:中国文史出版社,1995:213.

规律和人才培养目标定位,构建起适应企业用人需求和高职学生职业发展需要的高职学生职业核心素养结构模型,希望以此促进高职院校人才培养体系的健全和完善,这既是当下高职院校改革需要重点关注的主题与课题,也是高职院校提升人才培养质量、增强职业就业核心竞争力的必由之路。

二、研究的意义

(一) 理论意义

目前,"核心素养"成为我国基础教育领域的热词,成为新时期人才培养目标的重要理念。由学生核心素养研究引发的关于学科核心素养、教师核心素养、学生核心素养研究铺天盖地,成为教育领域研究的一股热潮,历经多年仍在持续升温。但是,值得注意的是,核心素养是一个随着社会变革和教育改革动态变化的过程,抛却背景的研究,笼统地去谈学生核心素养是没有价值的,研究核心素养必须将其还原到具体的时代背景和教育情境中去。因为不同时代、不同背景乃至不同学段的学生核心素养是不同的。当前,科技的发展日新月异,时代的变化一日千里,教育的变革如火如荼。因此,学界在重新思考学生核心素养到底从何而来、去往何处的同时,更加需要关注在什么样的背景下谈论学生核心素养,以此更好地给漫无边际的理论研究和实践探索以某种相对科学的限定,避免进入"无限解释"的怪圈,从而使其回归理性的轨道,发挥其真正在促进教育教学改革中的基础性作用。

2016年9月,我国发布的《中国学生发展核心素养》,是我国核心素养研究的本土化、阶段性凝练和概括。研究得出,核心素养是国家层面宏观教育理念、教育目标和具体院校目标、学科专业教育内容、教学方式手段的中介环节,是对党的教育方针政策、国家总体教育目标的解释框架,如图1-1所示。[①] 为此,在职业教育的背景下研究学生职业核心素养,首当其冲的是要为这一理念找准定位,厘清职业核心素养与人才培养目标、学科专业教学等方面的关系。具体到高职教育的情境下,党的教育方针政策、国家教育总目标

---

① 林崇德.21世纪学生发展核心素养研究[M].北京:北京师范大学出版社,2016:34.

是既定的,然而作为中介环节的高职学生职业核心素养却缺乏统一的标准体系,进而影响到了高职院校的人才培养目标和学科专业目标,最终产生的影响就是高职院校的人才培养质量大打折扣,学生职业核心素养难以满足自身可持续发展和企业用人单位的双重需要。因此,研究聚焦高职学生职业核心素养进行研究,尝试构建高职学生职业核心素养模型和标准,并据此探讨可能的培养方法和策略,不仅是对核心素养理论研究的拓展和深化,而且是对职业教育人才培养理论、教育教学理论的丰富和发展。

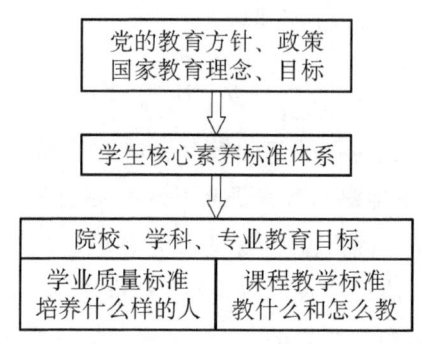

图 1-1 核心素养标准在教育系统中的地位

(二) 实践意义

职业核心素养是职业教育人才培养目标改进与优化的前提和基础。建立起基于企业用人单位需求和个人可持续职业发展需要的高职学生职业核心素养模型和标准,有助于实现党和国家教育政策的精准落地,有助于高职院校培养目标的精准定位,有助于企业人才需求的精准供给,也有助于高职学生职业生涯的精准发展。

1. 基于职业教育改革需要,有助于培养目标的"精准定位"

高职院校人才培养目标反映了高职教育的本质特征和内在要求,不仅反映了政府的"国家目标"要求,也反映了办学者对人才培养的价值取向。改革开放以来,我国职业教育人才培养目标大致经历了三个阶段的变化:20世纪80年代,培养目标定位为技术人员、管理人员和技工;20世纪90年代至21世纪初,培养目标定位为实用人才和应用型人才;21世纪初以来,培养目标定位为技能型人才、技术技能人才、高素质技术技能人才,如表1-1所示。

表1-1 我国政策文本中对职业教育人才培养的规定

阶段	时间	文件名称	人才培养目标的规定
第一阶段	1985	中共中央关于教育体制改革的决定	现代化建设迫切需要千百万受过良好职业技术教育的中初级技术人员、管理人员、技工和其他受过良好职业培训的城乡劳动者
	1986	关于职业技术学校学制的暂行规定	对各级各类职业学校的培养目标作了分类说明。其中,职业技术专科学校培养"较高级技术员和相应层次的技术、管理人员"①
第二阶段	1994	中国教育改革和发展纲要	职业教育的培养目标以培养社会大量需要的具有一定专业技能的熟练劳动者和各种实用人才为主②
	1998	面向二十一世纪深化职业教育教学改革的原则意见	职业教育要培养同二十一世纪我国社会主义现代化建设要求相适应的、具备综合职业能力和全面素质的,直接在生产、建设、技术和管理第一线工作的应用型人才③
	1998	面向21世纪教育振兴行动计划	高职教育必须面向地区经济建设和社会发展,适应就业市场的实际需要,培养生产、服务、管理第一线需要的实用人才④
	2000	关于加强高职高专教育人才培养工作的意见	高职高专教育培养拥护党的基本路线,适应生产、建设、管理、服务第一线需要的,德智体美等方面全面发展的高等技术应用性专门人才⑤
第三阶段	2002	关于大力推进职业教育改革与发展的决定	职业教育应"培养一大批生产、服务第一线的高素质劳动者和实用人才"⑥

---

① 刘英杰.中国教育大事典(1949—1990)[Z].杭州:浙江教育出版社,1993.1685.
② 中华人民共和国教育部.关于《中国教育改革和发展纲要》的实施意见[EB/OL].http://old.moe.gov.cn//publicfiles/business/htmlfiles/moe/moe_177/200407/2483.html,1994-07-03.
③ 中华人民共和国教育部.面向二十一世纪深化职业教育教学改革的原则意见[EB/OL].http://old.moe.gov.cn//publicfiles/business/htmlfiles/moe/moe_958/200506/8944.html,1998-02-16.
④ 中华人民共和国教育部.面向21世纪教育振兴行动计划[EB/OL].http://old.moe.gov.cn//publicfiles/business/htmlfiles/moe/s6986/200407/2487.html,1998-12-24.
⑤ 中华人民共和国教育部.关于加强高职高专教育人才培养工作的意见[EB/OL].http://old.moe.gov.cn//publicfiles/business/htmlfiles/moe/A08_sjhj/201109/124842.html,2000-01-17.
⑥ 中华人民共和国国务院新闻办公室.关于大力推进职业教育改革与发展的决定[EB/OL].http://www.gov.cn/gongbao/content/2002/content_61755.htm,2002-08-24.

续 表

阶 段	时 间	文件名称	人才培养目标的规定
第三阶段	2004	2003—2007年教育振兴行动计划	大力发展职业教育,大量培养高素质的技能型人才特别是高技能人才①
	2011	关于推进中等和高等职业教育协调发展的指导意见	高等职业教育重点培养高端技能型人才②
	2012	国家教育事业发展十二五规划	高等职业教育重点培养产业转型升级和企业技术创新需要的"发展型、复合型和创新型技术技能人才"③
	2014	关于加快发展现代职业教育的决定	进一步明确了"技术技能人才"的目标定位④
	2017	国家教育事业发展十三五规划	以增强学生核心素养、技术技能水平和可持续发展能力为重点,创新技术技能人才培养模式
	2017	关于进一步推进职业教育信息化发展的指导意见	加强学生使用信息技术的综合应用训练,提高各专业学生信息化职业能力、数字化学习能力和综合信息素养⑤
	2018	职业学校校企合作促进办法	建设知识型、技能型、创新型劳动者大军⑥
	2019	国家职业教育改革实施方案	把职业教育摆在教育改革创新和经济社会发展中更加突出的位置,对接科技发展趋势和市场需求,着力培养高素质劳动者和技术技能人才

① 中华人民共和国教育部.2003—2007年教育振兴行动计划[EB/OL].http://old.moe.gov.cn//publicfiles/business/htmlfiles/moe/moe_177/200407/2488.html,2004-02-10.

② 中华人民共和国教育部.教育部关于推进中等和高等职业教育协调发展的指导意见[EB/OL].http://www.moe.edu.cn/srcsite/A07/s7055/201112/t20111230_171564.html,2011-12-30.

③ 中华人民共和国教育部.国家教育事业发展第十二个五年规划[EB/OL].http://old.moe.gov.cn//publicfiles/business/htmlfiles/moe/moe_630/201207/139702.html,2012-06-14.

④ 中华人民共和国国务院新闻办公室.国务院关于加快发展现代职业教育的决定[EB/OL].http://www.scio.gov.cn/ztk/xwfb/2014/gxbjhzyjyggyfzqkxwfbh/xgbd31088/Document/1373573/1373573_1.htm,2014-06-24.

⑤ 中华人民共和国教育部.教育部关于进一步推进职业教育信息化发展的指导意见[EB/OL].http://www.moe.gov.cn/srcsite/A07/zcs_zhgg/201709/t20170911_314171.html,2017-09-05.

⑥ 中华人民共和国教育部.教育部等六部门关于印发《职业学校校企合作促进办法》的通知[EB/OL].http://www.moe.gov.cn/srcsite/A07/s7055/201802/t20180214_327467.html,2018-02-12.

由此可见,国家层面对于高职教育培养目标的定位随时代的变化具有动态稳定性,反映了高职教育人才培养目标基础性与发展性的统一。然而,作为"国家目标"和"院校目标"中介环节的学生职业核心素养标准的缺失,直接导致了院校人才培养目标和规格的式微。比如,有研究者通过对47所中高等职业院校的实证调查得出,学校人才培养目标并没有得到职业院校的普遍重视。在一些学校看来,人才培养目标是可有可无的一种形式,并没有去深究学校到底应该培养什么人才,培养的人才应该具备哪些知识、能力和素质。[1] 因此,通过该问题的研究,不仅能够丰富高职教育培养目标的理论内涵,帮助高职院校明确人才培养的目标定位,为高职院校人才培养提供杠杆和指挥棒,而且能够为高职学生的可持续职业发展提供可参照的行为目标模式。

2. 基于经济社会发展需要,有助于人才培养的"精准供给"

我国经济发展正在经历从高速增长向高质量发展的转变。这一转变是一项复杂的系统工程,最主要的影响因素就是人力资本。特别是随着技术进步和发展,传统行业已经开启"互联网+"新征程,人才需求发生了重大的结构性变化。一些全新的更高级的劳动手段、劳动方式、劳动产品,相继提出了人才素质提升的时代要求,不仅要求劳动者熟练掌握知识、技术和技能,而且要求劳动者在情感、态度、价值观等方面的全方位提升。《国务院关于加快发展职业教育的决定》提出:"职业教育要为我国走新兴工业化道路、调整经济结构和转变增长方式服务。实施国家技能型人才培养培训工程,加快生产、服务一线急需的技能型人才的培养,特别是现代制造业、现代服务业紧缺的高素质、高技能专门人才的培养。"[2]面临"新质量观"的呼唤和现实境遇严峻的挑战,高职院校应当尽快适应新的职业生态环境,其人才培养需要顺应全球教育大格局和经济新常态,在适度满足数量需求的同时,聚焦于学生核心素养的养成与发展,把学生职业核心素养的目标和要求进一步具体化、精细化,着力提高人才供给的质量和能力,激活经济持续增长动力。

---

[1] 查吉德.职业教育人才培养目标的理论与实证研究[M].暨南大学出版社,2015:58.
[2] 中华人民共和国国务院新闻办公室.国务院关于加快发展现代职业教育的决定[EB/OL]. http://www.scio.gov.cn/ztk/xwfb/2014/gxbjhzyjyggyfzqkxwfbh/xgbd31088/Document/1373573/1373573_1.htm,2014-06-24.

3. 基于高职学生成长规律,有助于职业生涯的"精准发展"

鲁洁教授在《教育学》中提出:"教育本姓'人','以人为本'对于教育来说是不言自明的。"[①]在人才培养过程中,要把学生全面发展作为一切工作的出发点和落脚点。如果教育培养的是只懂技术的"工具人",就是背离了教育的初衷,不能成为真正的教育。其实,早在1972年,联合国教科文组织在《学会生存——教育世界的今天和明天》中指出,"教育的目的是培养人有能力在各种职业中尽可能地流动,并永远刺激他们自我学习和培训自己的欲望。提倡人们学习的应是活生生的事物,能够自由而具有批判性地去思考问题,对新知识的吸取要通过终身的过程来进行。"[②]言下之意,职业发展兼有社会发展与个体发展的双重取向,教育既要遵循职业发展规律、服务社会经济发展,也要更好地服务学生的职业发展,使其享受到人力资本增值带来的附加效益。

《展望21世纪——汤因比与池田大作对话录》中讲道:"在具有现代技术文明的社会中,唯有实利的知识和技术才有价值,所以做这种学问的人反而成了知识和技术的奴隶。"[③]当前,技术进步和职业变化的发生,促使各个类型的教育做出相应地调整和改变。比如,美国学者Arthur(1994)在《组织行为》杂志上首先提出了无边界职业生涯(Boundaryless Career)的概念,并将其界定为"超越单个就业环境边界的一系列就业机会"。[④] 作为信息社会职业生涯发展的一种新趋势,无边界职业生涯不仅打破了组织与个体雇佣关系的终身化假设,使个体职业生涯发展的不稳定性、不确定性增加,而且使组织与个体间的职业关系发生了微妙的变化。在无边界职业生涯情境下,面对更为频繁的岗位变动和更为激烈的就业竞争,组织对员工的需求不再局限于单一的专业技能,个体的可持续发展需要具备更加全面的素养,而非单一的技能。[⑤]

[①] 鲁洁.教育的原点:育人[J].华东师范大学学报(教育科学版),2008(4):15-22.

[②] 联合国教科文组织.学会生存——教育世界的今天和明天[M].华东师范大学译.上海译文出版社,1982:547.

[③] 汤因比,池田大作.展望21世纪——汤因比与池田大作对话录[M].北京:国际文化出版公司,1985:61.

[④] Arthur.M.B.The Boundaryless Calter:A new perspective for organizational inquiry.Journal of organizational Behavior,1994(15):295-306.

[⑤] 桑雷,马蕾.新职业关系下高职毕业生素质需求及优化策略[J].职教论坛,2012(21):55-57.

然而,现实的教育实践中经常出现偏差和背离,"重专业轻通识"的情况依然普遍存在。通过对江苏省 17 所高水平高职院校的《学校章程》、官网中关于人才培养目标和课程设置的研究发现:人才培养目标均强调综合指向性,各个学校的学科专业目标是从知识目标、能力目标、素质目标(道德目标或思政目标)几个维度细化人才培养目标。但是,部分学校的通识课程在整个课程体系中的比重相对偏低,结构上缺乏系统设计。具体表现在,通识课程在人才培养体系中定位不够清晰,课程结构的组合缺乏系统的思考和设计,通识课程以思政类和外语类公共必修课为主,公共选修课的设置类型相对雷同,学时占比参差不齐等,如表 1-2 所示。

表 1-2 公共必修课学时占比分布

学时百分比	院校数量	分布比例
14～20	2	11.76%
21～25	6	35.29%
26～30	8	47.06%
30 以上	1	5.88%

这一现存的问题必须引起重视和反思。高职学生在学校接受知识获得技能的同时,还要培养情感、态度、价值观等其他方面的职业素养。因为社会上的行业各不相同,但对求职者职业素养趋于综合化的要求是一致的。比如,美国 PPV 的调查显示:一名仅有专业技能的学生同一名完全缺乏技能的学生,其就业困难程度相差不大;英国学者 York 和 Knight 认为:专业知识和技能仅仅是企业录用毕业生的必要条件而非充分条件,某些特定情况下,专业知识甚至不是主要的考量因素。再如,在欧美学界产生较大影响的新职业主义,不仅强调整合学术和职业教育,而且关注整体人的发展;不仅倡导核心能力的培养,而且关注人的职业生涯可持续发展。这些主张本身就隐含着作为职业人的角色定位,在某种意义上与核心素养的理念是不谋而合的。因此,面对职业关系的新变化,高职院校必须认清无边界职业生涯对高职学生职业发展的深刻影响,加强高职学生职业核心素养研究,建立高职学生职业核心素养标准,促进高职学生职业素养提升和职业可持续发展,这也是高职院校人才培养的主要目的所在。

第二节 研究现状及进展

研究借助图书馆文本和电子数字资源进行了国内外文献分析。国外的期刊论文研究以 Google 学术、Web of Science（SCI/SSCI/A&HCI/CPCI）数据库为主，国内的期刊论文研究以 CNKI 中国知网全文数据库为主。

一、关于职业素养的内涵及培养研究

（一）国外学者职业素养的研究

工业革命以前，东西方传统的人才标准都将道德品性作为第一位的尺度和首要的标准。到了近代，随着工业革命的发生以及工业社会的到来，与之相适应的行业技能、关键能力等受到更大的关注，不同学科取向下的研究者建立在核心能力、关键能力等概念理解的基础上，对素养的概念进行了新的思考，素养的内涵变得更加丰富。总体来看，20 世纪有关素养的理论观点大多是"能力"本位的，core skills、key skills、key abilities 等关键词频繁出现在国外学术研究主题中。主要的研究机构有英国的伦敦大学、曼彻斯特大学，美国的加利福尼亚大学、澳大利亚的昆士兰大学等，研究领域涉及教育学、心理学、管理学、体育学、医学等。Stahl 和 Wild 追溯了素养概念在不同领域的发展并对其发展历程进行了呈现，如表 1-3 所示。[1]

表 1-3 素养在不同领域发展历程

时间	作者	概念呈现
1947	Piaget	发展科学：个体之间存在着强而稳定的一般智力差异
1959	White	心理学：强调动机方面

---

[1] 林崇德.21 世纪学生发展核心素养研究[M].北京：北京师范大学出版社，2016：4.

续　表

时　间	作　者	概念呈现
1965	Chomskey	语言学:素养是与生俱来的语言原理、抽象规则和基本认知因素方面的有限系统
1973	Mcclelland	工业心理学:优秀的工作表现
1990	Prahalad & Hamel	有机体:集体能力
2003	Rychen & Salganik	语言学:成功的生活和健全的社会

文献分析发现,20世纪初,能力本位的理念最早出现在职业领域,通过对人的行为的科学分析,探讨职业领域取得高成就需要的能力。40年代,美国心理学家皮亚杰从发展科学的视域,将能力解释为具有个体差异的一般智力,个体在不同发展阶段通过"同化""顺应"的双向建构过程,实现个体与环境的交互,用以建构知识和能力。60年代,Chomsky在能力—表现模型中提出了"与生俱来的语言能力"。70年代,被誉为"素质研究之父"的美国心理学家麦克利兰提出,能力包括了动机、特质、知识、态度或价值,在工作上与卓越表现有关的认知或技能。90年代,Prahalad & Hamel提出了"集体能力"(Collective Competence)的概念,对传统的个人能力观点进行了发展。哈佛大学的加德纳(Gardner)则提出多元智能理论,打破了传统的将智力看作是以语言智能和逻辑—数理智能为核心的整合能力的认识,认为智力是在特定环境中解决问题或制作产品的重要能力,并据此提出了九种智力。1993年,Spencer等人提出"冰山模型",阐述了综合素质的内涵,认为综合素质指的是个体外显特质和潜在特质的综合,是执行某项特定工作时需要具备的关键能力。1996年,联合国教科文组织在《学习:财富蕴藏其中》的报告中提出四大学习支柱,2003年又增加了学会改变。由此可见,基于工业社会的需求,整个20世纪,人们对素养的理解主要停留在能力层面,并未全面考虑"人的全面发展"需要的情感、态度、价值观等层面。进入20世纪后期,随着以Google、Twitter等为代表的网络信息技术的发展,为适应复杂多变的信息社会多元需求,传统的能力、技能等概念的内涵也得到了升级与扩展,包括知识、能力、态度、价值观的"素养"概念逐渐获得了共识。1997—2005年,经合组织(OECD)开展了"素养的界定与遴选"研究项目,提出素养涵盖了知识、能力及态度的集合。之后的十几年里,欧盟、美国、澳大利亚、日本等进行了关于素

养的研究,现有的研究以定量的实证研究为主。文献分析显示,职业素养与职业能力、职业素质等仍然存在一定程度交替使用的情况,其研究的概念边界并不是非常清晰。

(二) 国内学者职业素养的研究

追随西方学者的研究理路,国内对职业素养的研究也经历了一个过程。特别是近年来,关于职业素养的专著在逐年增加。比如,许琼林的《职业素养》、封志勇的《职业素养》、张祥霖和杨俭修的《高职生职业素养》、尹凤霞的《职业道德与职业素养》、毛庆根的《职业素养与职业发展》、杨俭修和杜元刚的《职业素养提升》、梁枫的《职业素养修炼》、吴朝辉和赵淑芬的《职业素养训练》、邓立明的《职业院校学生职业素养通用读本》等。关于职业素养的期刊文章已是汗牛充栋。CNKI全文数据库中,以"职业素养"为主题进行检索,截至2019年12月,共检索到18 925条记录。以"学生 & 职业素养"为主题进行检索,共检索到10 087条记录,以"职业院校 & 学生 & 职业素养"为主题进行检索,共检索到2 886条记录。其中,期刊论文2 580篇,报纸11篇,学位论文253篇,会议论文42篇。研究在时间分布上总体呈上升趋势,如图1-2所示。

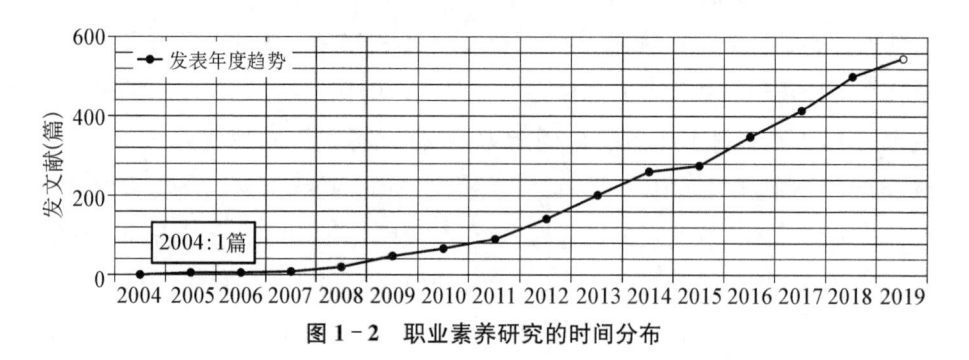

图1-2 职业素养研究的时间分布

(三) 国内学者大学生职业素养的研究

国内对大学生"职业素养"的研究最早见于2003年。2008年以前,涉及职业素养的理论成果较少,对于职业素养概念的认识和梳理处于尝试阶段,学界并未形成统一的认识。文献分析发现,陆刚兰[①]是较早对高职学生职业

---

① 陆刚兰.论高职学生职业素养的养成[J].中国成人教育,2008(24):111-112.

素养进行研究的学者,他首先区分了"素质"和"素养"的概念,为后续的研究积累了较好的素材。目前,随着研究的逐步深入,学界对职业素养的概念界定有了较为统一的认识和理解。安洪斌、王琴、孙兆化、戴卫锋、段彩屏、王玲等学者将学生职业素养分为显性职业素养和隐性职业素养,并且认为,加强职校生隐性职业素养培养是适应经济新常态、提高人才培养质量、提升毕业生综合竞争力的必然要求。

虽然不同学者的描述各有不同,但都指向一点,职业素养指的是职业内在的规范和要求,是在从事职业过程中表现出来的综合品质,是在特定的职业情境中通过具体职业行动得以体现的,具体包括了职业道德、职业意识、职业行为习惯、职业技能等方面的素养。

对于如何培养学生职业素养,学界也进行了一些研究,主要聚焦在西方经验的本土化借鉴。在西方经验的借鉴方面,马建明、李宇红等学者通过系统研究德国双元制职业素养培养模式的内涵特点和实施方式等,提出了我国职业素养教育方法改革的科学策略;卢艳、冯梅、尹一萍、李卿等学者从校企合作本土化形式创新的角度研究了澳大利亚 TAFE 学院对促进职业学校学生专业技能提升、职业素养养成方面的可借鉴之处;等等。在本土化的实践探索方面,北京师范大学的林崇德教授、辛涛教授,北京开放大学的褚宏启教授,华东师范大学的徐国庆教授等专家的观点比较有代表性,他们分别从职业素养的培养环境、内容选择和培养方法等方面进行了阐述。

综观现有的研究文献,大致可以概括为四个方面:基于学校人才培养目标的实践探索;基于行业、职业岗位的培养探索;基于专业课程或课程体系改革的探索;基于课程教学方式、教学评价改革的探索。对这些内容和观点进行梳理,是进行职业素养培养研究的必要前提,也是人才培养模式改革、专业建设和课程体系建设的基础。

二、关于核心素养的内涵及结构研究

(一)国外学者对核心素养的研究

核心素养这一概念的正式提出始于 20 世纪 90 年代,特别是 OECD 开展的"素养的界定与遴选"(DeSeCo)研究项目(1997—2005),主要用以描述社会成员应该具备的共同素养中最关键、必要且居于核心地位的素养,据此提出了核心素养的三个维度:能互动地使用工具,能在异质社会团体中互动,能自主的行动。之后的二十年,很多国际组织、国家和地区基于不同标准和需求,分别制定了不同类型的核心素养框架,成为制定教育政策、开展教育改革的重要基础。2005年,欧盟执委会《终身学习核心素养:欧洲参考框架》指出,核心素养指的是个体在知识社会中实现自我、融入社会,以及成功就业需要的能力,其中包括知识、能力和态度。美国由戴尔、思科、苹果等大公司创办"21世纪技能联盟",提出的核心素养包括生活与职业生涯技能,学习与创新技能,信息、媒体与科技技能等方面。在英国的教育体系中,核心素养是指为了适应将来的生活,年轻人需要具备的关键技能,以及学习、生活和工作所需的资质。澳大利亚的核心素养也称为综合职业能力或关键能力,是指有效参与发展中的工作形态与工作组织所必要的能力。其强调的并非某个学科或某一职业领域所具有的知识和技能,而是学生终身发展所需要的能力。在德国,梅腾斯于1974年从职业教育角度提出了关键能力的概念,对核心素养概念的界定分为专业能力、社会能力、自主能力三个方面。由此可见,核心素养的理解总体上一致,但各国略有差异,一定程度上体现了其各自的教育文化传统与国家特色。

(二)国内学者对核心素养的研究

在国内,这一问题视域随着"立德树人"理念的提出,逐渐引起了教育理论研究和实践探索的持续关注。目前,国内学界对核心素养的内涵外延仍是莫衷一是,但是在其研究指向"培养什么样的人"方面却有着相当程度的共识,并作为统领课程改革、修订课程标准、开展学业质量评价的重要依据。为此,研究对CNKI数据库搜集到的文献,利用Citespace软件,对研究热点演变情况进行分析,国内核心素养研究的主题文献最早见于2009年。[①] 通过对高频关键词出现频次变化来看,学科核心素养、学生核心素养、课堂教学、课程改革、培养学生、培养策略等关键词,在频次上趋强,正成为当下核心素养研究的前沿问题,如表1-4所示。在具体的研究中主要表现为:某一学科专业(数学、语文、化学、物理、英语等)学生核心素养结构及评价;基于核心素养的

---

① 桑雷.基于知识图谱的核心素养研究热点及演进趋势[J].高等理科教育,2018(4):15-21.

人才培养目标确定和课程标准研制;课程改革、课堂教学如何为学生核心素养提供有效支撑;不同学段学生核心素养培养的途径及举措等。

表1-4 国内核心素养研究中频次≥200的高频关键词

关键词	频率	出现年份	关键词	频率	出现年份
核心素养	15 249	2009	小学数学教学	334	2015
学科核心素养	2 385	2013	培养策略	320	2015
学生核心素养	1 026	2013	数学抽象	310	2015
小学生	903	2016	地理核心素养	293	2015
数学核心素养	744	2016	思维品质	266	2016
课堂教学	712	2015	语文核心素养	257	2016
培养学生	660	2015	语文教学	252	2015
教学设计	633	2015	高中化学	245	2015
小学数学	612	2015	科学探究	244	2016
核心素养培养	570	2017	课程标准	240	2014
中学生	474	2015	数学教学	238	2015
教学策略	432	2015	初中数学	237	2016
阅读教学	377	2015	高中物理	223	2015
高中数学	363	2016	物理核心素养	210	2015
小学语文	348	2016	小学英语	201	2016

通过文献分析可以看出,自 2009 年首次提出核心素养研究的问题,该主题的研究大致经历了四个阶段[①]:

(1) 2009 年 4 月—2013 年 4 月,核心素养概念的提出和碎片化的研究阶段。这一阶段研究成果较少,研究的目的性不强,没有形成研究问题的聚焦。2009 年 4 月,谢应平[②]在《中国教育报》发表《创新人才的核心素养是责任心和自信心》,最早提出"核心素养"概念。这一阶段最早的期刊文章是陈征帆的《论城市规划专业的核心素养及教学模式的应变》,代表性的文章是辛涛、姜

---

① 桑雷.基于知识图谱的核心素养研究热点及演进趋势[J].高等理科教育,2018(4):15-21.
② 谢应平.创新人才的核心素养是责任心和自信心[N].中国教育报,2009(5):72-74.

宇、刘霞的《我国义务教育阶段学生核心素养模型的构建》[1]等。

（2）2013年5月—2014年2月，国外经验借鉴和国内研究重点的形成发展。主要推动来自2013年5月"我国基础教育和高等教育阶段学生核心素养总体框架研究"项目的启动。这一阶段的研究主要集中在北京师范大学、华南师范大学、山东师范大学、辽宁师范大学等机构，研究的重点集中在对OECD、欧盟等国际组织核心素养框架的介绍及其对核心素养概念的描述和阐释。辛涛、张娜、裴新亮、柳夕浪等学者的研究为后续研究奠定了基础。

（3）2014年3月—2016年8月，核心素养研究的多元分散和核心聚焦并存。2014年3月，教育部《关于全面深化课程改革落实立德树人根本任务的意见》，明确提出了落实"立德树人"工程的十大关键领域，其中首要任务是研究制定学生发展核心素养体系。这一阶段研究机构和人员日趋分散，《教育发展研究》《全球教育展望》《中国教育学刊》等期刊开辟了"核心素养"研究专题，该主题的研究也逐步走向繁荣。在这一阶段的研究中，始终有一条主线贯穿其中，即在立德树人的大背景下，围绕"培养什么样的人"，遵循着从宏观教育目标——核心素养框架的研究理路。其中，国外核心素养框架的比较研究、国内核心素养体系的构建研究成为研究热点，在核心素养的内涵和外延方面逐渐形成共识。

（4）2016年9月至今，核心素养测量评价和学校培养等实践转化层面的研究。2016年9月，《中国学生发展核心素养》研究成果发布，对"培养什么样的人"做出了最有效的回应。之后的研究主要集中在"核心素养如何落地"。比如，王烨晖、辛涛[2]的"基于核心素养的课程改革之关键问题"，任学宝[3]的"核心素养培育要落实到学科教学的四个层次"，蔡清田[4]的"领域/科目核心素养的课程发展"，张建桥[5]的"培养学生核心素养亟待教学转型"等。类似的一批研究成果对核心素养在课程、教学、学科建设等的具体落实进行了理论探索，提出了相应的对策建议，为核心素养在实践层面的落地落实提供了参

---

[1] 辛涛,姜宇,刘霞.我国义务教育阶段学生核心素养模型的构建[J].北京师范大学学报(社会科学版),2013(1):5-11.

[2] 王烨晖,辛涛.基于核心素养的课程改革之关键问题[J].人民教育,2017(Z1):37-40.

[3] 任学宝.核心素养培育要落实到学科教学的四个层次[J].人民教育,2017(Z1):55-59.

[4] 蔡清田.领域/科目核心素养的课程发展[J].上海教育科研,2017(2):5-8.

[5] 张建桥.培养学生核心素养亟待教学转型[J].中国教育学刊,2017(2):6-12.

考和借鉴。

总之,目前国内对于学生核心素养的内涵界定已比较明晰。学生核心素养即学生在接受相应学段的教育过程中,逐步形成的适应个人终身发展和社会发展需要的必备品格和关键能力。然而认真分析不难发现,现有的文献主要集中在基础教育领域,高等教育领域特别是职业教育领域的研究不多,而涉及职业教育中学生职业核心素养的研究更少。比较有代表性的是方健华的博士学位论文"中职学生职业核心素养评价及其标准体系建构研究"、朱安莉的"供给侧改革背景下职业核心素养培养的思考"和张志军、郭莹的"高职学生职业核心素养培育路径探究"等。[①]

三、关于素质模型的理论及方法研究

(一) 国外学者对素质模型的研究

国外对素质模型的研究开始于 20 世纪 70 年代初,经典素质模型主要有冰山模型、洋葱模型和 KSAO 模型等。McClelland(1973)提出的冰山模型被视为最基本的能力素质模型,主要包括 6 个能力素质要素:知识、技能、社会角色、自我认知、特质、动机。Richard Boyatzis 提出的洋葱模型认为,能力素质由外到里由八个要素构成:技能、知识、价值观、态度、社会角色、自我形象、个性与动机。Mirable 提出的 KSAO 模型由 Knowledge、Skill、Ability、Others 几个部分组成。在实践层面,美国的研究者 John Flanagan(1954)较早涉及了素质模型构建研究,他在对美国飞行员从 1941 至 1946 年的绩效问题研究中创建的"关键事件法",成为能力素质构建方法研究的应用先河。20 世纪 80 年代以后,素质模型的研究在西方国家进入高潮。比如,Lyle M. Spencer (1993)、Herbert (1999)、Peerasit Patanakul (2008)、George P. Hollenbeck (2006)、Kathy Schwalbe (2009)、Jason P. Koenigs felda (2012)、Reza Vatankhah Barenji(2014)、Larisa Akatieva(2015)等先后进行了素质模型的构建研究。

由此可见,西方学者早期的素质模型研究侧重于通用素质模型,以

[①] 桑雷.基于知识图谱的核心素养研究热点及演进趋势[J].高等理科教育,2018(4):15-21.

Spencer为代表。但因为行业分工得更加详尽,通用素质模型的实用性受到了越来越多的质疑,如今素质模型的研究已经转向针对特定职位的研究,并辅之一些案例研究,对特定岗位的素质模型适用性进行检验。

(二) 国内学者对素质模型的研究

与西方国家相比,国内关于素质模型的研究和应用起步较晚,根据文献资料看出,国内学者研究的群体主要包括企业管理者、医生、高校师生、政府行政人员等,使用的方法主要涉及文献资料统计法、行为事件访谈法、案例研究法、问卷调查法、德尔菲专家咨询法等。其模型构建后的应用研究可以概括为三个方面:对已有模型的验证研究;素质模型在管理中的作用研究;基于模型的考核测评研究。值得一提的是,随着核心素养研究的深入,关于学生核心素养模型构建的研究也在逐渐升温,辛涛、姜宇、刘霞、刘兰明、陈蕊花等学者进行了比较深入的研究,提出的学生核心素养指标体系和框架模型,为后续的理论研究和模型构建提供了指导和参照。

四、关于学生素质的培养及评价研究

(一) 国外学者对学生素质评价的研究

国外关于学生评价的研究可以追溯到20世纪30年代,美国学者泰勒(W. R. Tyler)在反思传统"纸笔测验式"评价的基础上,提出了"行为目标评价模式",主张"评价是决定学生行为实际发生的变化达到何种程度的过程";20世纪40年代,美国教育心理学家布鲁姆(Benjamin Bloom)提出了著名的认知目标分类理论;20世纪70年代斯克里芬(M. Scriven)提出目标游离评价模式,主张把评价看成一种价值判断活动;20世纪90年代初,英国学者纳托尔(Latoner)和克利夫特(Clift)等人提出了"发展性教育评价"思想,倡导发展性教育评价理念。[①] 之后,学者又相继提出应答式评价模型、过程性评价模式、自然探究评价模式、动态评价模式、多元智能评价模式等。检验"学生究

---

① 方健华.中职学生职业核心素养评价及其标准体系建构研究[D].南京师范大学,2009(12):10-13.

竟学到了什么",已经成为国外学生评价研究的一个重要主题,把培养出更加合格的学生作为开展学生评价工作的重点。在理论研究的基础上,国外学者围绕学生素养评价进行了一些实证研究。1966 年,Moll. G 提出了学生素质创新评估理论与方法,强调对学生的基本素养和潜在学习素养的评估,至今仍然具有很好的启发意义。

然而,与普通教育相比,国外学者关于职业学校学生评价的研究较少。在为数不多的研究中,国外学者往往将重点放在能力评价上。值得注意的是,根据现有的文献分析,由于国家制度、研究视角等的差异,国外学者对学生职业素养评价没有统一的标准,但基于各国职业教育发展模式的差异,在评价体系、方法和机制等方面都形成了各自的体系。比如,以加拿大、美国为代表的北美"能力本位"职业教育 CBE(Competency Based Education)模式,以学生的能力培养为本位,开发了 DACUM(Develop a Curriculum)学习评价模式。在该模式中,学生评价主要由学生自我评定和教师认定共同决定。德国实行"就业导向"的"双元制"(Dual EducationMode)职业教育模式,"一元"为企业,另"一元"为职业学校,学生学业评价内容与标准均由企业选定,强调学生职业素养标准要基于企业需求,以培养具有较高适应职业、岗位能力要求的合格员工。澳大利亚的 TAFE 职业教育模式是一种由政府、学校、行业相结合的以学生为中心的培养模式,学生职业素养与资格考核中明确强调,以行业组织制定的职业能力标准和国家颁发的证书制度为考评依据。

(二) 国内学者对学生素质评价的研究

国内关于学生素质评价的研究初见于 20 世纪 80 年代中期,目前的研究成果主要体现在普通教育领域,职业教育领域学生素质评价的理论与实践,大多是在移植和模仿普通教育学生评价方法。从 CNKI 数据库论文检索结果看,与职业教育学生素质测量和评价研究选题相近或相关的论文成果不足 200 篇。在这些为数不多的研究成果中,对学生职业素养评价理论与实践做了一些有益的探索,其中对当前学生职业素养评价的价值理念、现状、类型、标准及方法等方面的研究都有涉及,为后续研究奠定了基础。然而,目前对学生职业素养评价的研究,提出的学生评价方案与标准,也大多以宏观、笼统的概述为主,这些现有的研究成果存在的主要问题是:在研究视角上普遍关注的是局部,忽视整体,具有狭隘性,大多是对某所学校、某个班级为单位的,甚至是个案介绍,缺乏整体观;在研究方法上相对单一陈旧,大部分是基于数学模型进行的,做得比较好的是清华大学、北京师范大学和厦门大学等一些测量评价团队,具体应用的研究方法有层次分析法、统计分析法、模糊综合评价法等,其中应用较多的是层次分析法和模糊综合评价法。比如,王洋、钟韬[1]采用模糊数学的理论建立高职院校土木工程专业学生职业素养评价模型,利用最大隶属度法则对其处理,对学生的职业素养进行了实证分析;黄凯[2]通过介绍高职酒店专业职业素养评价体系的构成,并运用层次分析法对学生的职业素养进行评价,然后实施了量化评价;彭文胜[3]通过检视当前职业院校学生职业素养评价,发现存在重视工具性价值而忽视目的性价值、重视知识与技能测试而轻视其他素质评价、重视统一性评价而忽视个性化发展评价等问题,据此提出职业行动目标测量方法实施策略;在标准制定上过度关注知识素养、技能素养等显性素养,对道德素养、创新素养等可能影响学生终身可持续发展的隐性素养关注不够,研究得不够深入。王其红[4]从有效评价的角度,对高职学生的隐性职业素养进行量化评价,发挥后期评价的作用有效"反哺"隐性职业素养的培养模式,全方位训练并提升高职学生的职业素养。安晓玲[5]从新形势下高职学生职业素养教育过程中存在的问题出发,探讨了加强高职学生隐性职业素养培养模式与量化评价的对策研究。在指标的选取上,还明显受普通教育中应试教育和职业教育中应赛教育的影响。还有部分文献呈现的成果所设定的测评指标体系凭经验设置的多,评价指标之间的关联性并没有到实证性数据支持,权重系数的设定随意性大,不规范,评价效度和信度均不够;在具体操作中定性分析与定量分析结合不够,在一定程度上仍然以纸笔测验和问卷调查为主,强调学业考试分数的高低和技能考级证书的多寡,不能体现诊断、激励和发展性评价的先进评价理念和要求,也没有完全

---

[1] 王洋,钟韬.基于模糊综合评价法的学生职业素养评价体系研究[J].佛山科学技术学院学报(自然科学版),2017(3)9-12.

[2] 黄凯.基于层次分析法的高职酒店专业学生职业素养评价[J].经济研究导刊,2012(29):263-264.

[3] 彭文胜.论职业素养评价的职业行动目标测量方法[J].教育与职业,2017(8):72-76.

[4] 王其红.高职学生隐性职业素养的培育模式与量化评价研究[J].黑龙江教育学院学报,2017(1):61-63.

[5] 安晓玲.高职学生隐性职业素养的培育模式与量化评价研究[J].黑龙江教育,2017(3):35-36.

体现出职业教育的"职业性"特征。① 也正是由于职业教育学生素养评价中理论研究及评价观念相对滞后,评价内容标准、方法和主体的相对单一,从而直接导致高职学生的片面发展、被动发展,导致高职毕业生在就业市场中竞争优势的缺乏。这些无疑是与高素质技术技能人才的培养目标相背离的。

总之,综观当前国内外关于学生核心素养研究及其进展,随着信息社会经济社会发展的新要求和新特征,学生核心素养内涵及其结构的理解、表达、评价及其培养的理念、模式、路径、方法等,都需要发生新的变化。在职业教育领域,简单套用基础教育的研究和实践成果既不可行,也不科学。这就更加需要研究视角的转移和聚焦,将视角对准高职教育领域的学生核心素养及其培养,思考基于职业核心素养的人才培养模式改革、学科专业课程建设、教学内容方法创新等现实问题,其根本出发点旨在适应当前高职教育改革发展的要求,充分发挥其对高职人才培养的实践导引和评价诊断作用,促进高职学生职业核心素养的全面发展,进而增强其无边界职业生涯下的职业竞争力和职业可持续发展能力,最终促进高职院校高素质技术技能人才培养的质量和水平。

第三节 研究思路、内容及方法

一、研究的思路

研究借鉴国内外现有的研究成果,结合我国高职教育的定位和特点,重点探讨高职学生职业核心素养及其培养的相关问题。具体来说,研究目标体现在三个方面:第一,科学界定职业核心素养的内涵、特征和价值,明确职业核心素养促进高职人才培养价值定位的演进;第二,科学构建高职学生职业核心素养模型和标准,对结构及其要素进行描述性和特征性分析;第三,科学探索高

---

① 方健华.中职学生职业核心素养评价及其标准体系建构研究[D].南京师范大学,2009(12):13-22.

职学生职业核心素养培养的理念和策略,结合高职学生职业核心素养及其培养的现状调查,提出高职学生职业核心素养培养的基本设想和可行路径。

基于此,研究立足于高职教育的视域,应用职业成长规律理论、多元智能理论、人职匹配理论,借鉴不同国际组织、国家、地区理论研究和实践探索的成果,结合我国高职教育的类型特点和目标定位,基于企业用人单位需求和高职学生职业可持续发展需要,借助文献分析、问卷调查、专家咨询等方法,构建起高职学生职业核心素养模型。以此为基础对高职学生职业核心素养及其培养现状进行调查分析,发现其问题,诊断其原因,据此有针对性地提出高职学生职业核心素养培养的基本设想与可行路径,旨在更好地实现高职学生的可持续职业发展,提升高职院校的人才培养质量和核心竞争力。

研究的技术路线如图1-3所示。

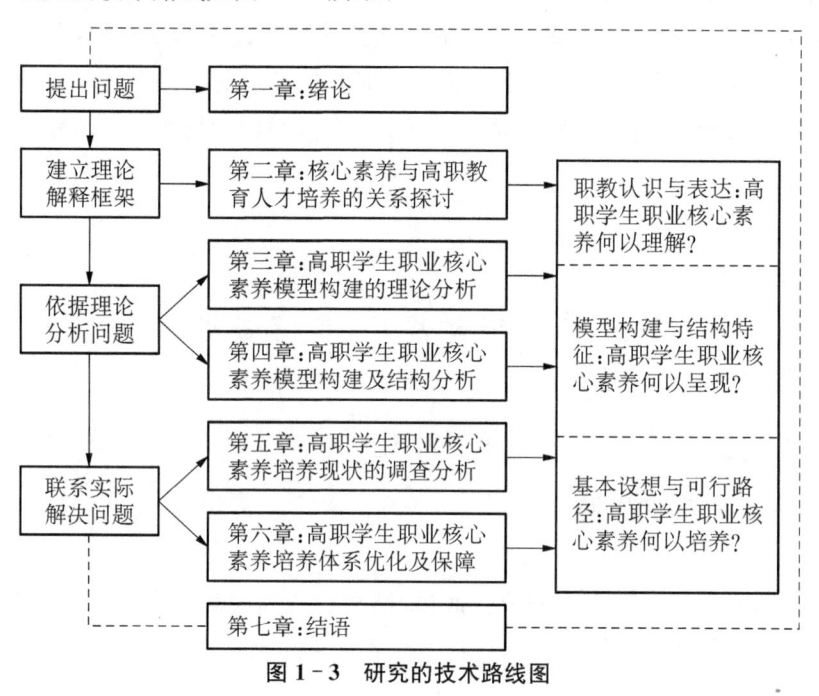

图1-3 研究的技术路线图

二、研究的内容

研究在系统论的指导下,遵循"提出问题—建立理论解释框架—依据理论分析问题—联系实际解决问题"的研究理路,具体分为七个章节。

第一章为绪论。主要介绍研究背景及意义、研究现状及进展、研究思路、内容、方法及核心概念的界定。

第二章重在建立理论解释框架。以理论阐述为主,建立理论分析框架。

本章从职业发展变化中的素养考察及其人才素养的教育考察,通过职业发展变化中职业人才素养关注点的变化,深入探讨职业核心素养的职业特质,以及职业教育理解与表达,据此进一步明确职业核心素养促进高职人才培养价值定位的演进。兼论对高职教育人才培养标准和规格的影响。

第三章和第四章重在依据理论分析问题。在理论论证与实证分析的基础上,联系高职教育类型特点和人才培养目标,构建起高职学生职业核心素养模型。

其中,第三章以理论研究为主。对高职学生职业核心素养模型构建的学理基础、构建维度和模式选择进行理论探讨,主要是为接下来的实证分析打好基础。

第四章以实证研究为主。高职学生职业核心素养模型的设计与构建是研究的重点。以江苏省8所高职院校的紧密型合作企业为样本,组织实施问卷调查和访谈。同时借助统计分析、专家咨询等方法,构建起"同心辐射型"高职学生职业核心素养模型,涵盖了四个层面二十八项要素,据此对结构和要素进行了描述性分析。

第五章和第六章重在联系实际解决问题。主要回应"如何应用于解决现实问题",在对高职学生职业核心素养及其培养现状调查诊断的基础上,有针对性地提出高职学生职业核心素养培养的方法和策略。

其中,第五章以实证研究为主,面向江苏省部分高职院校的教师和学生进行调查研究,深入分析高职学生职业核心素养及其培养的现状、存在的问题,及其存在问题的原因。

第六章针对高职学生职业核心素养培养中存在的问题,综合考虑高职人才培养的模式和特征,以及高职学生职业核心素养的结构和特点,提出高职学生职业核心素养培养的基本设想和可行路径,优化高职学生职业核心素养培养体系。

第七章为结语。是对研究做出的系统梳理和深入思考,主要包括了研究结论、研究创新、研究反思,以及研究展望等几个部分。

三、研究的方法

黑格尔在《逻辑学》中谈道：在探索的认识中，方法就是工具。选择科学合理的研究方法，能够对问题的解决起到事半功倍的效果。从总体上来看，本研究坚持定性研究与定量研究相结合、思辨研究与实证研究相结合，对高职学生职业核心素养及其培养的相关问题进行了系统而深入的分析。具体地说，运用的研究方法有文献分析法、问卷调查法、统计分析法、德尔菲专家咨询法等。

（一）文献分析法

文献分析法，就是通过对收集到的文献资料进行分析，探明研究对象的性质和状况，并从中引出自己观点的研究方法。第一章中的研究综述和核心概念界定，第二章、第三章的理论论证主要是通过文献分析的方法获得资料，第四章、第五章的实证分析，其理论和事实依据也主要来源于文献分析。可以说，文献分析法贯穿于论文研究的始终，是研究得以顺利进行的重要保障。

（二）问卷调查法

问卷调查法指的是用问卷的方式对研究问题进行度量，搜集研究所需资料的研究方法。第四章关于高职学生职业核心素养模型构建的结构和要素，第五章关于高职学生职业核心素养培养现状的调查，都是通过发放问卷、调查访谈等方式获取调查资料的。

（三）统计分析法

统计分析法是指用数值形式以及数学统计的方法反映被评价对象特征的信息分析、处理方法。研究借助此方法主要是为了更好地构建高职学生职业核心素养模型，更加客观、准确地揭示各个要素之间的结构和关系。第一章核心素养的文献综述借助了 CiteSpace 软件，第四章高职学生职业核心素养模型的构建借助了 Excel、SPSS 22.0 等统计软件完成数据的统计和分析。

（四）德尔菲(Delphi)专家咨询法

德尔菲专家咨询法,是指反复运用分发专家咨询表的形式,采用背靠背的方式,征询专家小组成员的意见,得出咨询结论的研究方法。第四章高职学生职业核心素养结构和要素的确定,以及高职学生职业核心素养模型的构建均应用了德尔菲专家咨询法。

总之,研究过程始终贯彻实事求是、严谨务实的态度,各种研究方法相互结合,融汇实施,系统化思考高职学生职业核心素养及其培养相关问题,通过研究方法的有效应用整体提升了研究成果的可行性与可信度。

四、核心概念的界定

在研究过程中,涉及的核心概念主要有高等教育、高等职业教育、素养、核心素养、职业核心素养等,这些概念的内涵及关系厘定如下。

（一）普通高等教育与高等职业教育

关于普通高等教育和高等职业教育的区别,存在着"层次"和"类型"之辨。

《教育大辞典》中的解释接近于教育层次说:教育分为初级、中级和高级三级层次,其中高职教育属于第三级教育层次,而第三级教育与高等教育同义。

《国际教育标准分类》(International Standard Classification of Education, ISCED)对高等教育与高职教育的界定如下:高等教育又叫5A教育,主要是面向"理论基础、研究准备、进入需要高技术要求专门化"的普通高等教育;高职教育又叫5B教育,主要是面向"实际的、技术的、职业的",定向于某个特定的职业。

姜大源研究员在《职业教育要义》一书中对职业教育的类型与层次进行了系统论述。他认为,教育类型和教育层次是两个不同的概念,两者存在本质的区别。教育层次中的类型,强调的是职业教育的生存权,"职"的属性使其在教育体系中具有类型的不可替代性;教育类型中的层次,强调的则是职业教育的发展权,"高"的属性使其在教育体系中具有层次的不可替代性。[1]

---

[1] 姜大源.职业教育要义[M].北京:北京师范大学出版社,2017:142-144.

联系高职教育在教育中的类型和层次一并理解,可以用三句话来概括高职教育:它是高等教育;它是职业技术类型教育;它是职业技术教育的高等阶段。在此基础上,研究中的高职学生即为高职教育培养的学生,在当前我国应用性本科分类尚不十分明朗的情况下,研究中提到的高职学生主要为专科层次高职院校培养的三年制专科学生。

(二) 素养、素质与能力

从词源进行考察,"素养"一词源于拉丁语中的 virtus,指的是道德的卓越修持,主要的关注点是"人们能够做什么"。① 中文"素养"一词,指的是"平日的修养",它并不表明素养的具体内容,强调的是素养形成的过程,更加看重的是后天的习得与积累。在英文的语境中,素养最初对应的英文词是"literacy"。英国《剑桥国际英语词典》关于素养的定义是"具有读与写的能力"。美国《韦氏英语词典》对它的解释是"读写能力的质量状况"。② 同时,素养的概念也会随着社会经济的发展,尤其是技术的变革而发生变化。但有一点不曾改变的,素养与教育密切相关。也就是说,从词义上来看,素养的概念不管作何理解,素养需要通过教育、训练等手段进行培养。

在学术研究领域,素养最初并不是一个教育概念,是哲学、社会学、心理学、经济学和政治学领域的常用术语,没有独立的概念框架。"素养"一词之所以进入教育学的视野成为一个教育概念,并成为国际组织和很多国家教育政策使用的高频词,主要源于联合国教科文组织、经济合作与发展组织和欧盟等国际组织的影响。1997年,经合组织开始推行"素养的界定与遴选"研究项目时,使用"competence"一词来表述素养,用以表明素养的内涵涉及知识、能力、态度的组合。Stein 等人于 2001 年提出了 $C=(K+S)A$,用以说明素养(Competence,C)并不等于单一的知识(Knowledge,K),也不等于单一的技能(Skill,S),而是包括知识、能力与态度(Attitude,A)等多层面的统一整体。③ 在这一公式中,态度是使用乘法来连接知识和能力的,表明了其重要作用。

---

① 安桂清.基于核心素养的课程整合:特征、形态与维度[J].课程教材与教法,2018(9):48-54.
② 郑东辉.教师评价素养发展研究[M].杭州:浙江大学出版社,2014:4.
③ 林崇德.21世纪学生发展核心素养研究[M].北京:北京师范大学出版社,2016:27.

综合国内外关于素养的理解,素养的近义词包括素质、能力、技能等,但与素质、能力、技能又存在一些区别。首先,素养与素质相比,素质更加侧重从静态的视角进行理解,是个体与生俱来的特质。素养则主要强调从动态的视角促进人格提升、内涵修习培养,更加接近于教育"育人"的本质。简单地说,素养可以理解为"素质的养成"。其次,素养与能力、技能相比,素养比能力、技能的含义更为宽泛。它与能力、技能的不同之处在于:能力与技能可以是与生俱来也可以是后天形成的。素养是经由后天学习获得的,是"可教、可学"的。由此可见,相比素质、能力和技能,素养一词的提法更为全面,更具有时代特色,更加符合立德树人和全人教育的理念。

(三) 核心素养与职业核心素养

1. 核心素养概念的国际表述

在西方社会,不同的国际组织、国家和地区对于"核心素养"的表述不是完全一致,对应的英文单词也不相同,"Core Skills""Key Competencies""Core Competencies"等词汇都曾在不同的语境下用来表述"核心素养",如表 1-5 所示。[①] 目前,学术界比较认同的是欧盟和经合组织的表述。即便是欧盟和经合组织的表述,在相关文本中也有两种不同的版本"Key Competencies"和"Key Competences"。在经合组织的政策文本中,大多使用的是"Key Competencies",具体到某一项核心素养时,使用的是"Key Competency"。在欧盟的政策文本中,在 2003 年之前的表述与经合组织基本一致,使用的是"Key Competency/Key Competencies"。2003 年之后的文本中则使用的是"key competence/key competences",这种表述一直沿用到现在,在欧盟的各种政策文本中保持一致。[②]

表 1-5 不同国际组织、国家描述核心素养的专用术语

国　别	核心素养的表述文本
英国	Core skills;Key skills;Common skills
新西兰	Essential skills

[①] 王存娟.职业核心素养结构的分析[D].南京师范大学,2017(5):7-8.
[②] 蒋永红."核心素养"概念本土化及甄选和构建原则研究[J].教师教育论坛,2016(12):20-24.

续 表

国　别	核心素养的表述文本
澳大利亚	Key competencies;Employability skills;Generic skills
加拿大	Employability skills
美国	Basic skills;Necessary skills;Workplace know-how
新加坡	Critical enabling skills
法国	Transferable skills
德国	Key qualifications
瑞士	Trans-disciplinary goals
丹麦	Process independent qualifications
欧盟	Key Competencies ;key competences
经合组织	Key Competencies

如果仅从英文释义来看,"Key Competencies/Key Competences"对于教育领域特别是职业教育领域来说,并非一个新出现的名词。其实早在1974年,德国社会学家梅滕斯(D.Mertens)就提出了"Key Competences"。之后的很长一段时间里,在职业教育领域一直是以"核心能力"或"关键能力"的中文表述出现。比如,以经合组织的研究项目"Definition and Selection of Competencies：Theoretical and Conceptual Foundations"为例。在2007年,浙江大学的滕梅芳、盛群力的翻译为"能力的界定与遴选：理论框架与概念基础"。① 其中,将"Competencies"译为"能力"。如果放到当时理论研究的背景下,能力教育在教育界非常流行,由此衍生出的核心能力、关键能力等概念在职业教育领域应用广泛。因此,两位学者将"Key Competencies"译为"核心能力"或"关键能力",无论是从字面释义还是情境内涵都应该属于顺理成章。而到了2013年以后,这一项目则更多地被译为"素养的界定与遴选：理论和概念基础","Competencies"译为"素养"。可见,核心素养的概念逐渐得到普遍共识。

对于核心素养的理解,不同国际组织、国家对"核心素养"进行了不同的

---

① Dominique Simone Rychen,Laura Hersh Salganik,滕梅芳,盛群力.勾勒关键能力,打造优质生活——OECD关键能力框架概述[J].远程教育杂志,2007(5):24-32.

阐释,如表1-6所示。① 由此可见,如同经合组织前教育部长所言:"我们理解的素养里面包含了知识、能力、态度和价值观。"核心素养不是单指能力、品格或观念单一层面的要素,而是这些方面要素的整合,更准确地说是一种综合性的品质。

表1-6 不同国际组织、国家对核心素养的概念界定

国 别	核心素养的定义
联合国教科文组织	核心素养指向终身学习,并提出"学会认知、学会做事、学会生活、学会生存、学会改变"五大支柱
经合组织	核心素养是面对未来技术的迅速发展,面对情景的不可预测性,提出如何处理人与自我,人与他人以及与身处的世界之间的关系
欧盟	核心素养是基于终身学习理念提出的,是在信息社会和知识经济的背景中,个体融入社会、职业发展、自我实现等需要的知识、能力与态度的整合
美国	美国提出的核心素养框架即21世纪技能,是针对所有人能够满足未来所从事职业的需求而提出的,是21世纪合格的社会公民、员工及领导者等所具有的素养
日本	日本的21世纪能力以思考力为核心,信息力、数理力等构成的"基础力"为支撑,以及以知识技能的运用所组成的"实践力",这三力共同构成的三层结构图
德国	德国的关键能力是指除了专业知识、技能之外的行为主体在面对复杂情境时所具有的知识、能力、态度等的整合
英国	核心素养是未来生活、学习、工作所具有的综合品质,是一种普通的、可转移的,对从业者的未来起着关键作用的关键能力
法国	核心素养是一种跨学科的素养,是一个包含知识、技能、社交能力的综合体
比利时	核心素养指除了具体专业知识和专业能力之外的从事任何职业都必不可少的基本技能
新加坡	以核心价值观为核心,完善自我和融入社会所需要的素养

2. 核心素养概念的本土阐释

"核心素养"之于我国的研究,最早开始于中国台湾地区,以台湾中正大

---

① 辛涛,姜宇,林崇德.论学生发展核心素养的内涵特征与框架定位,[J].中国教育学刊,2016(6):5.

学蔡清田教授为代表的一批学者,在借鉴西方研究的基础上做出了基于台湾教育实际的解读,提出了台湾地区核心素养框架。在他们看来,核心素养是个人生活所需、社会公民必备、社会发展不可或缺的人力资本素养,同时是成功解决问题、获得完满生活所具备的素养。2008年以后,中国香港地区和大陆的学者也开始关注这方面的研究,2013年起进入研究的"高峰期",至今仍是热度不减。

梳理现有关于核心素养的研究,可以根据理解侧重点的不同,将其大致概括为统整论、核心论、层次论等不同的理解方式。其中,统整论认为,核心素养是知识、能力、态度、情感、价值观的综合。比如,林崇德教授认为,核心素养是在教育过程中逐渐形成的知识、能力、态度等方面的综合特征,强调跨学科性和整合性的理解;辛涛教授认为核心素养是一个多维度、多功能的概念,是知识、能力、态度、情感的集合,具有整体性,不能孤立地进行独立培养或发展;钟启泉教授则提出核心素养公式,即素养=(知识+技能)^{态度},亦即 $C=(K+S)^A$。核心论主张将核心素养和一般素养、全面素养、专业素养等区分开来。蔡清田教授认为一个人终其一生需要很多素养,其中最关键的并且始终居于核心地位的素养称为核心素养;柳夕浪教授认为核心素养是个体优质生活之所需,是关键的、必要的也是最重要的素养。层次论提出核心素养并非一般的基础素养,而是人适应信息时代和知识社会的需要,在"低阶认知能力"基础之上的具有协作、交往、批判性和创造性的"高阶认知能力"。比如,褚宏启教授强调核心素养是"高级素养",而非"基础素养"。基础的身体素质等不在范围之列,而应对21世纪的创新素养、团队合作、跨学科的综合素养等则属于此列;张华教授认为核心素养也可以称为"21世纪素养",是个体适应信息化时代和知识型社会的要求,用于适应不可预测情境、解决复杂社会问题的高级能力与人性能力,等等。2016年9月,《中国学生发展核心素养》正式发布,将核心素养界定为"学生应该具备的、能够适应终身发展和社会发展需要的必备品格和关键能力",可以说是对前面研究的一个高度概括和集成。

综上所述,国内外学者对于核心素养的内涵,形成的基本共识是,学生在接受相应学段的教育过程中,逐步形成的适应个人终身发展和社会发展需要的必备品格和关键能力。这种理解方式借鉴了学术科学分析的"简化范式",不是抽象地谈论一般"素养",而是把素养放到特定的情境中,在与情境的内在关联中厘清素养的内涵。之所以包括知识、能力、情感、态度、价值观等,体现为必备品格和关键能力,是因为能力和品格是人的两种最宝贵的品质,是个体在特定的情境下成功地满足情境的复杂要求与挑战,并能顺利地执行工作任务,有效融入未来社会的先决条件。之所以具有"核心"的特点,主要体现出两个方面:核心素养是"关键素养",不是"全面素养",体现的是"关键少数";核心素养是"高级素养",不是"低级素养",甚至也不是"基础素养",是跨学科和综合性的。[①] 此外,强调核心素养结构的复杂性,意味着是"可教、可学"的,是经由后天学习习得的,它可以通过有意图的、人为的教育加以规划、设计与培养。

基于对核心素养的认识和理解,研究把核心素养放到职业发展变化的情境中进行理解,通过探讨核心素养与职业教育人才培养的关系,关注职业发展变化中职业人才素养关注点的变化,对职业核心素养的理解和阐释如下:职业核心素养是职业发展变化对职业人才素养的要求,是直接与职业环境和岗位能力相对接的,关涉个体的社会适应性、岗位竞争力和职业发展性的必备品格与关键能力,指向于个体进入工作岗位、胜任岗位工作、适应社会发展和个人职业发展必需的知识、能力、情感、态度和价值观的集合。职业核心素养的核心特质在于其是一般职业素养的精髓和灵魂,具备联结或活化其他素养的意义化能力。

[①] 褚宏启.核心素养的概念与本质[J].华东师范大学学报(教育科学版),2016(1):1-3.

第二章

核心素养与高职教育人才培养的关系探讨

追溯核心素养的历史演进与发展,其最初提出是基于经济社会发展对社会分工和人才能力的要求,指向的是个体发展、融入社会并且能够胜任工作所具备的知识、能力和态度的集合,对于与经济社会发展关系最为紧密的职业教育,联系更加直接,也更加适用。①

第一节 职业发展变化中的素养考察

职业起源于中世纪,甚至有的职业在古代就出现了,但是有关职业研究的系统尝试发端于20世纪。这种情况既是对社会科学兴起的反映,更重要的是,它反映出职业本身随技术变化和社会分工发生的重大转变。② 当然,要想全面理解职业在社会分工中的产生和发展,多视角的理解是必要的。③ 经济学视角中的职业,主要是基于"经济人"的假设,强调的是职业作为社会分工体系中劳动者所获得的一种劳动角色;社会学视角中的职业,主要是基于"社会人"的假设,强调的是职业作为社会分工体系中的一种社会角色或位置,同

---

① 徐健.核心素养并非基础教育专有名词[N].中国教育报,2016-11-08(9).
② [美]安德鲁·阿伯特.职业系统:论专业技能的劳动分工[M].李荣山,译.北京:商务印书馆,2016:11-12.
③ 王存娟.职业核心素养结构的分析[D].南京师范大学,2017(5):15.

权利和利益密切相关；教育学视角中的职业，主要是基于"知识人"或"技能人"的假设，强调的是建立在工作或劳动基础上的、个体生涯发展中知识、能力等要素的生成和发展，往往与职业活动、职业性向、职业培训等结合在一起。

由此可见，不同的理论视域，由于关注点的不同，对职业在社会分工中的理解是有所不同的。但形成的基本共识是，职业在社会分工中的产生与科学和技术相伴，职业的发展及职业活动的顺利进行离不开技术实践的规范调整。比如，英国经济学家亚当·斯密在批判和吸收色诺芬、柏拉图等人思想的基础上，从劳动分工与物质交换的关系入手，提出自己对于分工和交换的理解。他认为，分工是人类"互通有无，物物交换，互相交易"产生的结果。而交换及其交换倾向的出现，主要是源于技术实践的发展所产生的劳动剩余，即"各种技术工艺发展到十分复杂的程度，从而引起了社会分工。"[①]因此，职业的产生与发展是一个动态的过程，无论是"职"还是"业"，都离不开个体的技术实践。在这一过程中，随着技术实践的改善，生产工具不断改进、社会生产力得到提高，更加细致、深入的劳动分工在更大规模上被复制，进而不断实现着职业的更迭，职业进而被不断地"推陈出新"。据此，职业的产生与发展植根于由技术实践带来技术进步引发的劳动分工体系，分工是职业产生和发展的一般基础，技术实践则是职业产生和发展的深层动力。[②] 同时，透过不同领域范畴的跨学科理解，可以更加清晰透彻地了解职业以及从事职业的人，这对于回答社会应该"培养什么样的人"这一问题具有重要意义，同样也是职业核心素养研究的起点和支点。因此，系统梳理职业发展变化的历史逻辑，全面考察特定历史阶段职业关注点的变化，能够很好地反映出职业发展变化过程中的职业教育，以及对人的素养关注度的变化。

一、农业社会与操作技能

农业社会的主要职业活动形式是农业生产和手工生产，与之相对应的职

---

① ［德］弗里德里希·拉普.技术哲学导论[M].刘武,康荣平,吴明泰,译.沈阳:辽宁科学技术出版社,1986:23.

② 肖凤翔,付小倩.职业能力标准演进的技术实践逻辑[J].西南大学学报(社会科学版),2018(6):45-50.

业活动大多与个体生产和生活密切相关,职业活动的技术实践相对简单,使用价值效用驱动比较明显,人们运用平时掌握的传统手艺或技巧,制作一些简单的生产和生活工具,更好地获取需要的物质资源,维持再生产的需要。这一时期的职业活动明显地依赖于从业者的躯体技能,而判断从业者是否具有胜任某一项职业活动的标准,也是建立在个体躯体操作技能基础上的。一方面,人的躯体作为技术实践工具参与到职业活动中,个体躯体本身的差异就成为主要的评价标准。比如,肌肉的发达程度、手脚的灵巧程度、感觉的敏锐程度、四肢的协调程度等,具备这些身体机能的从业者往往具有更好的职业特质。另一方面,职业活动的发生还离不开个体操作工具时具有的各种操作技能,比如从业者的技巧、手艺、经验等,这些能力决定着从业者能否精准地操作各种生产工具。当然,这一阶段职业活动反映出的操作技能还比较简单,其概括化程度相对较低,迁移的范围也相对狭窄。

二、工业社会与职业能力

工业革命的发生,机器化大生产逐渐取代个体生产和手工作坊生产,生产力和生产关系的飞跃催生了新的生产方式,孕育了新的技术需求与职业规范。马克思曾经在《机器、自然力和科学的应用》中生动描述了这一转变:"以前需要从业者轻巧地运用自己的工具完成的那些操作,现在则是这样完成的,直接由人用最简单的机械方式产生的活动转变成关注机器的精细活动。"[①]随着机器生产引发的生产方式变革以及工作过程的复杂化,"生产"驱动的需求愈发明显,科学知识与生产之间的关系受到更高的关注。这样,从业者单纯的躯体操作技能已不合时宜,对从业者的知识和技能结构提出了新的要求。特别是对生产知识积累需求的上升,使得"人手"不断得到解放的同时,职业能力表现出了明显的"智力"取向。当然,这并不意味着此时的职业活动不再需要直接的经验和操作技艺,而是更加强调一种间接性知识的获取和应用。相应的,从业者职业活动的技能标准从操作型向知识型过渡,学习作为一种知识获取手段受到普遍重视。

---

① [德]卡尔·马克思.机器、自然力和科学的应用[M].北京:人民出版社,1978:55.

三、信息社会与核心素养

工业革命早期阶段,能力在职业领域被广泛使用,人们对职业胜任力的理解主要局限于职业能力层面。进入20世纪后期以来,随着信息社会知识经济和信息技术的发展,加剧了资本、技术等生产要素在全球范围内的流动,职业系统中的技术实践逐渐从机器向知识、智能转变。正如美国著名未来学家阿尔温·托夫勒(Alvin Toffler)的描述:"锄头象征着第一种文明,流水线象征着第二种文明,电脑象征着第三种文明"。[①] 在信息社会,很多单纯依靠躯体操作和流水线操作的工作面临瓦解。同时,信息技术的发展推动了一批信息技术支撑的产业的发展,比如计算机产业、信息产业、软件产业等。催生了一些新兴技术领域的产生。在这一过程中,职业活动的生产逐步趋于自动化,这彻底颠覆了以往生产方式中的技术基础,职业活动的劳动分工形式、生产组织模式,甚至人们生产生活的关联方式都将发生根本性的改变。[②]

另外值得一提的是,信息社会职业流动性的加快,职业存在的周期不断缩短,职业知识、技能不断进行着折旧和更新,增加了对综合职业能力的需求,受益于一次性学习的职业时代不复存在。因此,终身学习成为支撑个体职业发展的必备条件,接受"终身教育"就成为至关重要的选择。在这样的背景下,从业者应该具备什么样的职业特质才能适应这个快速变化的社会?联合国教科文组织提出"五大学习支柱"正是着眼于21世纪以人为中心的可持续发展而提出的全新的教育目标。同时也预示着以职业能力为本位的人才培养观已悄然发生了改变。为此,一些国际组织和国家逐渐提出并发展了"核心素养"的概念,并据此遴选出学校学生发展的素养指标,建立起各具特色的核心素养框架,逐渐融入课程改革中贯彻实施。梳理不同国际组织和各个国家的核心素养指标体系,可以发现核心素养更加关切个性、情感、态度、

[①] [美]阿尔温·托夫勒.创造一个新的文明——第三次浪潮的政治[M].陈峰,译.北京:人民出版社,1995:142.

[②] 肖凤翔,付小倩.职业能力标准演进的技术实践逻辑[J].西南大学学报(社会科学版),2018(6):45-50.

价值观等层面,其涵盖的内容更加综合,旨在实现个人、经济和社会发展的统一。①

英国经济学家亚当·斯密(Adam Smith)认为:"国家之富在于分工,分工之所以促进经济增长的重要原因是机械发明,机械发明则提高了劳动生产率。"②信息社会,在技术引发职业发展变化及人才素养需求变化的过程中,有一种现象不得不提,那就是"机器换人"。

(一)"机器换人"现象的产生与发展

追溯这一现象出现的历史,最早出现应该是源于18世纪60年代的第一次工业革命,技术进步推动社会进入机械化和工业化的时代,一种新的生产方式"机器制造机器"在工业生产中出现,原有的一个或几个人完成一项技术活动的时代结束,开始出现技术引发失业的问题,这是近代史上最早出现的"机器换人"。当然,这一阶段直至之后近一个世纪的技术发展,职业领域的"机器换人"并未引起大规模"技术性失业"的问题。如同约翰·肯尼迪(John Kennedy,1962)的观点:如果人们有发明新机器使工人失业的才能,那么他们同样有才能让这些工人重返工作岗位。干农活的机会减少的同时,工厂作业的新机会出现了,而当工厂机会减少的同时,在办公室和服务行业工作的机会却增加了。③ 这一时期对职业素养的门槛要求不高,产业失业劳动力往往会通过学习再就业等形式转移到其他行业。并且,工人失业主要体现在单个行业点上,整个行业工人大范围被淘汰的情况是较少的。

进入21世纪以来,随着知识经济和信息技术的发展,技术进步之于职业的影响出现了新的变化:一方面,技术进步的影响力几乎覆盖到全产业。与前两次技术革命对职业的暂时性冲击不同,信息社会的人工智能已经出现了明显挤占劳动力岗位的情况,并且传统产业中各个岗位被替代的速度不断加快,而新兴产业岗位形成的速度还远不能承接被代替岗位的速度,这样就产

---

① 陈宏艳,徐国庆.职业教育学生核心素养体系构建:背景与思路[J].当代职业教育,2018(1):22-26.

② [英]亚当·斯密.国民财富的性质和原因的研究[M].郭大力,亚南,译.北京:商务印书馆,2015:11.

③ [美]凯文·拉古兰德,詹姆斯·J.休斯.未来的就业:技术性失业与解决之道[M].艾辉,冯丽丽,译,2018:27.

生了新旧工作岗位更替中的艰难转型,"机器换人"现象急速加剧。另一方面,带有信息社会特征的劳动分工和专业生产模式逐渐弱化,这种结构性的经济变化,使得原来那种即便失业也可以在短时间内跨行业就业的情况一去不复返了。[①] 因此,一种被称为"无就业增长"的现象开始出现。[②] 有研究指出,在2008年的金融危机之后,大多数经济指标尤其是产能都出现了增长,但就业并没有相应地增长。而根据世界经济论坛发布的2018年度报告,美国、中国、德国等15个发达国家和新兴经济体,5年内将会减少500万至710万个岗位,主要集中在办公行政管理类的职位。同时,将会出现210万个新的职位,主要集中在计算机、工程学、数学等领域。不可否认,随着知识经济时代新一轮科技革命的快速推进,信息社会人工智能的开启以及机器人、人工智能、3D打印等高新技术正在改变着未来,包括体力和脑力在内的大部分的劳动都有被替代的可能,新技术正在催生出新工作岗位的同时,会让更多的工作岗位消失,并且是在短时间内快速消失。

(二) 人机关系的变化及其对职业的影响

"机器换人"现象的一个显著标志就是工业机器人的出现,机器和劳动者在职业岗位上调整分工结构,人机关系发生了一些微妙的变化。据统计,我国在2013年成为全球最大的工业机器人市场,近年来增长速度始终保持在20%以上。根据国际机器人联合会(International Federation of Robotics)的研究,工业机器人在制造业生产中的驱动力主要体现在三个方面:人类劳动无法满足产品质量和成本的要求;人类劳动无法适应生产环境和条件;产业无法承担劳动力工资水平。[③] 与之相对应的是,人机关系表现为三种类型,如表2-1所示。其中,第一种关系是机器人替代劳动者岗位;第二种关系是填补人类劳动者无法胜任的岗位;第三种关系是创造新的人类工作岗位。[④] 在以上人机关系的三种类型中,真正对人类劳动者工作岗位产生威胁的主要

[①] 李智明.新工业革命时代技术进步对就业的挑战与思考[J].江西社会科学,2018(11):78-85.

[②] [美]凯文·拉古兰德,詹姆斯·J.休斯.未来的就业:技术性失业与解决之道[M].艾辉,冯丽丽,译,2018:30.

[③] Positive Impact of Industrial Robots on Employment. IFR Report,2013.

[④] 黄慧群,贺俊等.新工业革命:理论逻辑与战略视野[M].北京:社会科学文献出版社,2016:243-249.

是第一种,第二和第三种关系并不会从根本上威胁到劳动者的职业就业。就拿第一种关系中的"替代岗位"来说,即便是没有工业机器人,原本可以由劳动者胜任的职业岗位,也会随着生产力的发展和生产关系的变化自然消失。人口结构变化必然对劳动者的工资水平产生影响,当前发达国家以及部分发展中国家人口红利的减少就是最好的证明。当然,在此必须强调的是,对于"机器换人"造成的后果,"机器换人"并非不要人,而是对劳动者的技术技能提出了更高的要求,对劳动者的知识、能力、态度、价值观等职业要素提出了整合性和系统性的要求,需要更多的技术技能人才去执行系统化、信息化、智能化、定制化的操作。因此,高职院校能否抓住技术变革带来的发展机遇,因势而动地把握技术技能人才培养的利好形势,及时调整和优化人才素养培养的规格和质量,更好地为经济社会发展输送"适销对路"的技术技能人才,将会在很大程度上影响到产业转型升级和国家战略目标的早日实现。

表 2-1 工业机器人对职业就业的影响

人机关系	影响方式	核心要素	行业产业
替代岗位	减少工作岗位	机器成本;产品价值;工资水平	电子、食品、包装
填补岗位	增加工作岗位	加工精度硬度;生产环境和条件等	精密制造、化工、铸造、汽车
创造岗位	增加工作岗位	关联产业;上下游产业	机器人产业及其下游相关产业

资料来源:国际机器人联合会(IFR)。

第二节 职业发展变化中人才素养的教育考察

透过生产力发展中的社会分工看职业的产生与发展,职业随经济发展而发展,随技术演进而演进。同时,随着生产力的发展,教育从生产劳动和社会生活中独立并发展起来,对职业人才素养的形成和发展产生了关键性的作用。

一、职业人才素养教育的演进与发展

职业发展变化中的职业人才素养,从操作技能、到职业能力、再到核心素养的变化,职业人才素养教育也在不断经历着演进和发展。在农业社会,对于职业人才操作技能的培养,这一时期的职业教育表现形态主要是学徒制,师傅和徒弟在具体的生产活动中通过口耳相传、反复模仿、情境训练等方式进行着技艺的传承,在一定程度上实现了工作过程与教育过程的统一。在工业社会,关于职业人才职业能力的培养,基于职业导向的能力本位开始出现在职业教育的视野中。根据文献分析,能力本位的理念最早为职业教育所使用是在20世纪20年代,通过对人的行动的科学分析,用以探讨职业领域取得较高成就需要的能力。能力不同于知识和技能,但和知识与技能又有着密不可分的联系。同时,随着对职业能力的重视,对农业社会中根植于手工业生产的传统学徒制模式提出挑战,学徒制逐渐走向衰微,取而代之的是与生产过程分离的学校职业教育。此时学校职业教育的主要任务是教授科学知识和生产技术,同时注重对从业者针对某一具体工作的职业能力训练。在信息社会,关于职业人才核心素养的培养,对知识、能力、态度、价值观等综合素质的强调,对职业教育提出了新的更高的要求,受益于一次性学习的职业时代不复存在,面向职业可持续发展的终身教育成为职业教育人才培养的一种必然选择。

当然,在职业人才素养教育的过程中,职业活动中所关涉和应用的技术具有的实践品格,它远比技术理论具有更高的价值要义和实际内涵。特别是随着经济社会的发展进步,技术的工具理性和价值理性受到越来越广泛的关注,对职业中技术实践的目的性和有效性提出了更高的要求。这也就意味着,只有那些合规律性和合科学性的技术和职业教育,才能够更好地保障人与自然、人与社会、人与人之间互动交往中的主体地位,不断拓展职业存在和发展的疆域,为人的职业生存和发展创造更好的条件,增强职业的能动性和适应性。

二、职业人才素养教育中的价值坚守

梳理职业发展变化中对人的素养的关注,一个不容忽视的问题就是自始至终对道德价值观的尊崇,始终将其作为合格职业人的最起码要求,道德价值教育也就成为传统教育中最突出的内容。

从农业社会到工业社会,再到信息社会,以德性为核心的核心价值观一直都是思想论争的焦点问题。不同时期、不同年代、不同区域、不同国家的思想家和学者围绕"德性"进行了深入的探讨。[①] 在西方,早在古希腊时期,对于作为合格的社会一员或公民就有了比较明确的标准。苏格拉底提出"有思想的人是万物的尺度",教育人们要"努力成为有德行的人"。[②] 柏拉图认为理念是事物的本质,"善"是理念世界的最高等级,并且认为教育是构建理想国家、培养合格公民的主要途径。亚里士多德主张教育的目的在于追求理想、培养良善的公民,据此提出知识是美德的必要条件,但不是充分条件,道德的形成必须做到知行合一。[③] 在我国,自伏羲"始定人道"、黄帝"修德振兵"开始,就有了崇道尚德的历史发展轨迹。以孔孟为代表的儒家学说,更是将道德义理视为"安身立命"的第一要义。[④] 以儒家文化为核心的中国传统文化,在本质上是一种"人学",关注的核心问题是"人"的问题,由此形成了一套通过道德的修养来培养健全的人格,进而实现自我价值的理论学说,也即所谓的修身成德之学。此外,我国传统文化对"德性"在人才培养中的重视,还表现在其他许多教育家、思想家的观点中。比如,南宋理学家朱熹提倡"明天理,灭人欲"的伦理道德教育,提倡"立志""存养""力行""省察"的人才培养方法。明代思想家王守仁强调"知行合一",提出把道德教育与品德修养作为学校教育的中心工作。清代思想家王夫之认为教育在人性的生成过程中起着重要作用,并提出"立志""自得""力行"的教育方法。由是观之,东西方传统人才标准都将"道德品性"列为首要的标准,这些德性品质正是体现了先哲们对素养价值内涵的理解。[⑤]

到了近代,伴随着技术进步和生产变革的发生,虽然人们加强了对专业技能及职业能力等方面的重视,但是,德性问题以及由此衍生出的情感、态

[①] 林崇德.21世纪学生发展核心素养研究[M].北京:北京师范大学出版社,2016:2.

[②] 戴本博.外国教育史[M].北京:人民教育出版社,1989:103.

[③] 高伟.论"核心素养"的证成方式[J].教育研究,2017(7):4-13.

[④] 刘恒山,王泽应.儒家以德立命的伦理精神建构[J].湖南师范大学社会科学学报,2013(5):23-29.

[⑤] 林崇德.21世纪学生发展核心素养研究[M].北京:北京师范大学出版社,2016:3.

度、价值观等教育始终是最基本的存在。现代管理学之父彼得·F.德鲁克(Drucker P.F)在《下一个社会的管理》(2006)中提出,技术革命造就了适应和容纳新兴产业的科技人才和社会价值观。在科技革命演进的过程中,新兴产业的兴起和发展,与其说是技术进步的"骨肉",不如说是技术进步"精神上的后代"。这与其说是一种心智上的转变,倒不如说表现出的是一种接受,是一种急切接纳新发明新创造的精神和心态。在理论研究的层面,有些学者在研究和反思现代技术之于职业教育中"人本精神"缺失的问题时,提出"还技于道、技道相济"的方略,用以规避技术的单线性发展产生的"工具理性"。即人类在推动技术进步的过程中,必须时刻保持"价值理性",避免成为马尔库塞所描述的"单向度的人,整个社会无一例外只存在单一的判断标准和价值取向。"[1]由此可知,如果说工业时代初期的职业启蒙教育使人们对人性有了新的思考,那么信息社会正在发生的技术变革已经深刻地触及了人性的领域,引发了人类观念和行为习惯多方面的变化。而作为技术革命的获益者和积极参与者,不可否认,技术进步使人类得到某种程度的解放,让人们可以去抓住那些更有意义的机会。但是,面对技术发展影响到希望保持人类自身地位的其他领域,人们必须经常性地进行诘问和反思,牢固树立正确的价值观,特别是对于技术变革中可能出现的技术伦理和价值论争,具有科学的价值判断、合理的是非标准和恰当的行为准则。这些集中体现在不同国际组织和国家的人才培养标准中,在我国则集中体现在"立德树人"导向的教育。

第三节 职业与教育互动中的职业核心素养及其价值

一、基于职业人才培养的职业核心素养理解

以生产力发展和社会分工变化为基点,讨论技术进步、生产变革、职业变

---

[1] 龙宇,等.国际工程教育发展与合作:机遇、挑战与使命[J].高等工程教育研究,2015(6):1-5.

化等影响经济社会发展的现实问题。从农业社会到工业社会,再到信息社会,核心素养是对操作技能、职业能力的发展与超越。与操作技能、职业能力相比,内涵更为丰富和宽广,除了知识、能力等工具性要求之外,还体现出对道德价值观的坚守,对人的发展性的关注,不仅强调做事的能力与态度,更加突出做人的品质与修养。① 为此,通过职业发展变化中职业人才素养关注点的变化,能够更好地认识职业核心素养的职业特质,以及职业教育的理解与表达。

(一) 职业核心素养是职业发展变化对人才素养的要求

职业核心素养的产生和发展与经济社会发展有着紧密的联系,归根结底是生产力与生产方式发展变化的产物。作为对职业活动中人才素养要求新的理解和表达,职业核心素养具有鲜明的时代特征和职业特色。反映了特定历史时期和阶段内,职业活动对"需要什么素养的劳动者"这一现实问题的科学回应。从农业社会的操作技能到工业社会的职业能力再到信息社会的核心素养,都是不同时代职业领域人才需求对经济社会发展的直接回应。在这一过程中,职业核心素养的结构和特征也必然会体现出明显的动态性、发展性和变化性。一方面,社会发展是一个不断向前的过程,同时职业发展也随着技术进步、社会分工、生产变革不断交替更新,对职业素养的需求也必然是趋于动态的多元和复合。另一方面,个体的职业素养不是与生俱来的,有一个形成、发展和成熟的过程,需要在教育和实践活动中动态的完善和发展。

(二) 职业核心素养直接对接具体职业环境和岗位素质

职业工作体现在一定的社会分工体系中,职业发展变化情境中的职业核心素养与具体的职业环境和岗位素质直接对接,涉及个体在职业工作中的社会适应性、岗位竞争力和职业发展性。其中,社会适应性是对劳动者从"学习者"到"职业人"角色转换的要求。那些具有良好职业品格、学习能力和技术积累的劳动者,其社会适应性相对更强。岗位竞争力是劳动者对从事某项岗位工作必备的品格和能力,以及从事岗位工作的不可替代性素质。比如,职

---

① 陈向阳.核心素养的职教表达与可能路径[J].当代职业教育,2018(1):18-21.

业人才工匠精神的培养,那些勇于探究、精益求精、追求卓越的劳动者,其岗位存在感相对更好,岗位替代性相对更弱,岗位竞争力相对更强。职业发展性是劳动者面对技术变化和生产变革,保持可持续职业发展的职业素养生长性和发展力。在信息社会,那些具有领导力、责任感、创新意识、岗位迁移能力等素养的劳动者更容易在职业发展中实现可持续发展。对于个体职业发展而言,社会适应性、岗位竞争力和职业发展性互相关联、互为支撑,缺一不可。其中,社会适应性是职业发展的前提和基础,岗位竞争力是职业发展的动力和保障,职业发展性是职业发展的目标和指向。

在此值得一提的是,职业核心素养与一般职业素养的区别主要是核心指向。职业核心素养是"关键素养",是"高级素养",其核心特质在于其是一般职业素养的精髓和灵魂,具备联结或活化其他素养的意义化能力。

(三) 职业核心素养与学校职业教育和培养活动密切相关

学生职业核心素养是职业核心素养在学生职业发展方面的体现,是学生未来参与社会分工必备的品格和能力。其中,品格和能力是个体职业发展的两种核心品质,两者之间既具有相对独立性,有着各自独特的内涵、特点和形成机制,同时又有着内在的相关性,在内涵上相互交叉,在形成上相互促进。具体到学生职业核心素养的形成和发展,应当体现的是两者之间的互动与融合。在这一过程中,只有当能力具备了积极的文化价值,具有了利他的道德情怀,才会更好地成为普遍认同的"人的素养"。[①] 当然,无论是品格还是能力,都与学校职业教育和培养活动密切相关。一方面,学生职业核心素养指向学生进入工作岗位、胜任岗位工作、个人职业发展的一系列知识、能力、情感、态度和价值观的集合,更加明确在职业教育培养的范畴。另一方面,学生职业核心素养与一般的公民核心素养有相同的内容,也有不同的方面,但都是可教可学的,可以通过有目的有影响的职业教育和培训活动加以设计和培养。因此,学生职业核心素养是学校人才培养目标和课程开发实施的预设前提,在学校教育中培养和发展,在职业岗位实践中提高和完善。

---

① 余文森.核心素养导向的课堂教学[M].上海:上海教育出版社,2018(2):29.

二、基于职业核心素养的高职教育价值表达

职业教育的职业属性是职业对教育的社会性限定与规制,旨在促进教育胜任社会分工的职责,集中体现了社会经济、政治、文化等对教育的制约,以及教育的职责和回应。换句话说,职业与教育的互动关系集中体现在教育需要培养什么样的职业角色以及与之对应的职业活动和培养规格等方面。[①] 与职业的发展变化一致,职业教育以一定社会的经济社会发展为基础,反映出特定历史条件下人才培养关注点的变化,即"培养什么样的人"以及"怎样培养人"的问题,其中人才培养目标的价值定位又是其核心的内容。对此,在对职业核心素养的内涵和特征进行理论追问的同时,有必要重新梳理和反思,职业核心素养促进高职教育人才培养价值定位的演进,因为这将直接决定着高职教育人才培养标准和规格等现实问题。

(一) 教育理念的反映:从"制器"到"育人"

教育在本质上是一种社会活动,由于政治经济发展程度的不同,不同历史时期对教育的理解也是不同的。但是,作为文化的一种表现形式,教育是当时社会需求的直接反映,是此时职业情境下对"培养什么样的人"的回应。同样,职业核心素养是生产力和生产方式发展变化的产物,是对职业教育的本质属性、价值取向新的认识和判断,代表了对教育活动理解和认识的最新成果,其结构与要素对职业教育活动具有重要的指导意义。在更深层次上讲,职业核心素养是引领院校教育方向、统领教学改革的教育理念。[②] 当然,教育理念属于观念体系的范畴,植根于人们对教育规律的理性认识和抽象概括。

基于教育人才培养的职能,教育是生成社会角色的途径,通过教育为社会培养合格的劳动者,是经济发展、社会稳定的基础。因此,教育的一个重要任务和使命就是帮助社会成员养成所需的基本素质,使其能够胜任所扮演的各种职业角色,实现教育与社会的良性互动。在教育发展的过程中,在很长

---

① 肖凤翔,所静.职业及其对教育的规定性[J].天津大学学报(社会科学版),2011(5):435-440.
② 乔为.核心素养的本质与培育:基于职业教育的视角[J].职业技术教育,2018(13):20-27.

的一段时间里,职业教育被认为是培养特定职业所需的知识和技能的活动。从农业社会的操作技能到工业社会的职业能力,职业教育倾向于将着力点放到职业所需的知识和技能上,职业教育在一定意义上成了"制器"的工具。当然,这也是特定历史条件下经济社会发展的影响使然。职业教育的"制器"功能在工业社会初期为经济发展和企业生产需要的"批量化"技术技能人才培养起到了不可替代的作用,成为与经济社会发展联系最为紧密的社会活动。久而久之,"制器"教育也成为职业教育的一种"标签"。当然,把"制器"当作职业教育的理念,其产生的负面效应也不容忽视。一方面,教育经济功能的无限放大遮蔽了职业教育的多元价值。由于对经济特性的过度宣扬,职业教育的目的被窄化为培养适应职业岗位需要的熟练工人,培养学生如同生产产品,知识和技能狭窄且单一。另一方面,教育工具理性的过分强调弱化了学生的主体地位。过分强调学生职业岗位就业的适应性,冲淡了职业教育的"育人"功能,忽略了学生"全面发展"的主体需要。

回归教育的本质,作为一种类型教育,高职教育的本质也应该是"育人"。人作为教育活动的主体,应该始终处于教育活动的中心。职业核心素养的提出,在一定程度上体现出从"制器"到"育人"的演进趋势,要求高职教育回归教育本真,指向育人的终极目标。这既是对原有的"制器"教育的修正和反思,同时也是对21世纪教育要"培养什么样的人"的科学回应。因为随着信息社会知识经济和信息技术的深入发展,经济社会发展进入新的转型时期,技术进步、生产变革正在颠覆性地影响和改变着人们的生产和生活,传统的高职教育人才培养模式已难以适应快速变化的经济社会发展需要。从1972年《富尔报告》提出学习型社会和终身教育,到1996年《德洛尔报告》提出学习的支柱,再到2017年《反思教育:向全球共同利益的理念转变?》中提出对可持续发展的核心关切,呼唤将教育和知识作为一项全球共同利益,人才培养问题反复被提上议事日程。职业核心素养作为职业教育理念新的理解和表达方式,有助于在信息社会背景下,重新审视和唤醒高职教育的育人属性,把育人的目标指向全面发展的人,推动高职教育全面走向"育人"的教育学立场。

(二)教育目标的体现:从"职业人"到"全面人"

无论从内容还是形式上,职业核心素养都内在指向了经济社会发展对人才标准和规格的新要求,本身就是对教育目标,具体地说是"培养什么样的人"的形象思考。高职教育作为教育的一种特殊类型,从产生之日起就具有了明显的区域共生性和职业导向性,与区域经济社会发展结合较为紧密,致力于培养直接从事行业产业生产需要的技术技能人才,类似于职业岗位需求的合格"职业人"。这种以就业导向为目标的高职教育人才培养思路,就是要培养学生具备熟练的岗位职业技能,进入社会以后具有较强的职业竞争能力和岗位适应能力,满足用人单位的用工需求。很长一段时间里,这种以就业为导向的高职教育目标,在我国职业教育的各种政策文件中得到了明显体现。从最初的工学结合,到之后的校企合作,再到后来的产教融合和产教深度融合,都在不同的层面体现出职业教育人才培养目标的规定性,以着力培养区域经济社会发展需要的、满足行业产业岗位需求的合格的职业人为目标。在具体的教育实践中,各个高职院校也在不遗余力地贯彻落实和具体实施,先后探索出订单式培养、嵌入式培养、校中厂、厂中校等职业教育人才培养模式,整合了学校和企业的资源优势,努力为用人单位培养"适销对路"的合格职业人。

需要指出的是,同其他教育类型一样,职业教育的终极目的是人的生存和发展。特别是随着信息社会经济社会的转型发展,一方面,职业的边界变得模糊和开放,职业的流动性不断增强,原有的职业与从业者之间紧密的契约关系不复存在。另一方面,随着知识经济和信息技术之于社会生活的影响日益深入,新的知识与技能需求不断被提出,诸如"技术适应能力""岗位迁移能力""信息技术能力""数据分析能力"等,都需要被纳入传统教育目标中去。职业的这种新发展也在另一个侧面呼唤高职教育人才培养目标的转向,由"合格的职业人"到"全面发展的人"。[①] 因为面对信息社会科学技术的迅猛发展,单靠以往"做加法"的方式更新教育目标已难以为继,迫切需要在价值取向和思维方式方面的变革。作为21世纪教育目标的集中体现,职业核心素养的提出,体现出人们对信息社会职业教育目标内涵的新认识,同时也昭示着高职教育目标领域的思维方式由"分析还原"到"系统综合"的转变。从价值取向来看,其关注点从对知识和技能的强调到人的全面发展。从思维方式来看,其教育目标中由"线"及"面"的突破,有助于建立起更加系统和综合的教育目标结构。换句话说,职业核心素养不仅体现出新形势下高职教育人才培

[①] 乔为.核心素养的本质与培育:基于职业教育的视角[J].职业技术教育,2018(13):20-27.

养规格的新需求,而且也预示着信息社会高职教育应对技术进步、生产变革和职业变化而进行的职业教育目标系统的"范式转换"。[①]

本章小结

人类社会的进步,归根结底取决于社会生产力的发展。而每一次科技进步,都会极大地推动社会生产力向前发展,并不断引发着社会分工和职业岗位的变化。以生产力发展和劳动分工变化为基点,讨论技术进步、生产变革、职业变化等影响经济社会发展的现实问题,从农业社会的操作技能,到工业社会的职业能力,再到信息社会的核心素养,核心素养是对操作技能、职业能力的发展与超越。与操作技能、职业能力相比,内涵更为丰富和宽广,除了知识、能力等工具性要求之外,还体现出对道德价值观的坚守,对人的发展性的关注,不仅强调做事的能力与态度,更加突出做人的品质与修养。

基于此,把核心素养放到职业发展变化的情境中进行理解,通过职业发展变化中职业人才素养关注点的变化,能够更好地认识职业核心素养的职业特质,以及职业教育的理解与表达。第一,职业核心素养是职业发展变化对人才素养的要求。表现在从农业社会的操作技能到工业社会的职业能力再到信息社会的核心素养,反映了特定历史时期和阶段内,职业活动对"需要什么素养的劳动者"这一问题的直接回应,具有鲜明的时代特征和职业特色。第二,职业核心素养直接对接具体职业环境和岗位素质。表现在职业工作体现在一定的社会分工体系中,职业发展变化情境中的核心素养与职业环境和岗位素质直接对接,具体涉及个体在职业工作中的社会适应性、岗位竞争力和职业发展性。其中,社会适应性是前提和基础,岗位竞争力是动力和保障,职业发展性是目标和指向。第三,职业核心素养与学校职业教育和培养活动密切相关。表现在学生未来参与社会分工必备的品格和能力,指向学生进入工作岗位、胜任岗位工作、个人职业发展的一系列知识、能力、情感、态度和价值观的集合,更加明确在学校职业教育培养的范畴,与职业教育和培养活动

---

① 刘新阳.教育目标系统变革视角下的核心素养[J].全球教育展望,2017(10):49-63.

密切相关,在学校教育培训中培养和发展,在职业岗位实践中提高和完善。

　　职业与教育的互动关系集中体现在教育需要培养什么样的职业角色以及与之对应的职业活动和培养规格等方面,据此进一步明确职业核心素养促进高职人才培养价值定位的演进。一方面,职业核心素养代表了信息社会对教育活动理解和认识的最新成果,要求高职教育回归"育人"的本真,既是对原有的"制器"教育的修正和反思,同时也是应对21世纪经济社会转型发展,职业教育要"培养什么样的人"的科学回应。另一方面,面对信息社会科学技术的迅猛发展,职业的新发展和职业关系的新变化呼唤高职教育领域培养目标的转向,单靠以往"做加法"的方式更新教育目标已难以为继。作为21世纪教育目标的集中体现,职业核心素养体现出对信息社会教育目标价值定位的新认识,也昭示着教育目标领域的思维方式由"分析还原"到"系统综合"的转变,其关注点从对知识和技能的强调到人的全面发展。同时,教育目标中由"线"及"面"的突破,有助于建立起更加系统和综合的教育目标结构。总之,基于职业核心素养的高职教育目标价值超越,不仅能够感受到高职教育面向未来、致力于培养全面发展的人的理性回归,而且有助于弥补高职教育人才培养中现存的某些缺陷,纠正当前教育实践中存在的"重技能轻素养"的倾向。

微信扫描目录二维码,加入【本书话题交流群】
与同读本书的读者,讨论本书相关话题,交流阅读心得

第三章

高职学生职业核心素养模型构建的理论分析

高职学生职业核心素养是国家宏观教育目标与院校具体目标之间的中介,是高职院校人才培养和课程开发设计的主要依据。对高职学生职业核心素养模型及其标准的探讨,有助于高职人才培养的精准定位和高职学生的精准发展。当然,基于高职教育在教育体系中的地位和特点,高职学生职业核心素养模型的构建需要统筹考虑普遍性与特殊性、连续性与阶段性的关系,从而更好地体现高职学生职业核心素养的特质。

第一节 高职学生职业核心素养模型构建的学理基础

高职学生职业核心素养模型构建的学理基础,体现出高职教育类型特点、学段特点,以及高职学生职业发展的要求。按照模型构建与各种教育学理论的对应关系,主要涉及职业成长规律理论、多元智能理论和人职匹配理论。

一、高职学生职业核心素养内容与职业成长规律理论

本纳(Benner P)和德莱弗斯(Dreyfus S E)等研究者发现,人的职业成长遵循着从初学者到专家(即初学者、高级初学者、有能力者、熟练者、专家五个

阶段)的逻辑发展规律。① 同样,技能人才的成长也是符合从初学者到专家这一发展规律的,其中每一个职业发展阶段又有着对知识、能力、态度、价值观等的不同要求。也就是说,技能人才从较低的阶段发展到较高的阶段,不是简单的知识积累过程,而是由完成简单任务到完成相对复杂任务的职业素养发展过程,期间伴随着知识、能力、情感、态度、价值观等综合素质的增长和实现。② 因此,在高职教育高素质技术技能人才培养的过程中,既要满足学生知识水平提升的普遍需求,又要满足技术技能积累和职业可持续发展的特殊要求。而高职学生每提升一个职业成长阶段,是以能够完成该阶段相应的教学要求和工作任务为基础的。

此外,职业核心素养代表的是一种必备品格和关键能力,形成和发展有赖于社会生活需要的,通过个体的学习、反思等先决条件,促进个体与环境的交互,从而帮助个体获得职业成长。在这一个体职业成长的过程中,个体与环境的交互及其建构,在不同的发展阶段经由适应、同化、调适,以此适应环境的脉络情境。也就是说,个体经历"类化"过去经验的"迁移"及"调适"的过程,成功地适应新的环境脉络情境之复杂的需要。比如,美国心理学家凯根(Robert Kegan)受到皮亚杰(Jean Piaget)认知发展阶段论、埃里克森(Erik H Erikson)人格发展阶段论等理论的启发和影响,提出"进化的自我"(Evolving Self)的概念,并据此构建了心智复杂性的进化模型。在凯根看来,自我发展的实质是心智复杂性的进化,是一种以追求自我意义感为目标的持续的行动过程。特别是随着年龄的增长,个体心智复杂性也在不断进化。在这一进化的过程中,不仅伴随着新能力的增加,也不是单纯的以新能力取代旧能力,而是既有的各种能力从属于日益复杂的新能力,旧能力会受到新能力的支配。③ 因此,高职学生职业核心素养模型的构建,必须考虑到高职学生职业成长规律及其相关的环境交互规律。

---

① 赵志群.职业教育工学结合一体化课程开发指南[M].北京:清华大学出版社,2009:37.
② 张志新.基于测评的职业教育教师职业能力研究[M].北京:清华大学出版社,2016:25.
③ Kegan · R. Competencies as working epistemologies: Way s we want adults to know. In Rychen. S. & Salganik. L. H. Defining and selecting key competencies[M]. Gottingen, Germany: hogrefe & huber,2001:194.

二、高职学生职业核心素养结构与多元智能理论

(一)智能的结构理论

1967年,美国哈佛大学教育研究生院奈尔森·古德曼(Nelson Goodman)创建著名的《零点项目》,这是一个关于艺术教育的研究项目,旨在从零开始,弥补科学教育和艺术教育研究之间的不平衡。该项目在心理学、教育学、艺术教育等方面取得了丰硕的研究成果,产生了广泛而深远的影响。在项目研究的过程中,美国哈佛大学教授霍华德·加德纳(Howard Gardner)提出了关于智能的独特理解,也就是管理学中著名的多元智能理论。加德纳认为,过去对智能的定义偏于狭义,未能准确反映个体的真实能力。人的智能应该是一个量度,一个解题能力指标。根据这一理解,他在《智能的结构》(*Frames of Mind*,Gardner,1983)中首先提出了多元智能理论的基本结构,并据此描述了个体职业生存和发展需要的七种智能:音乐智能(Musical Intelligence)、身体—动觉智能(Bodily Kinesthetic Intelligence)、逻辑—数学智能(Logical Mathematical Intelligence)、语言智能(Linguistic Intelligence)、空间智能(Spatial Intelligence)、人际智能(Interpersonal Intelligence)、自我认知智能(Intrapersonal Intelligence),多元智能结构的提出为多元智能理论奠定了理论基础。在加德纳看来,除了非正常的人,智能总是以组合的方式有序运作。在现实世界中,个体在解决复杂问题时,都会集中运用多种不同智能的组合。[1] 这就意味着,个体的智能倾向是多种智能集成的结果。当然,个体由此组成的不同智能结构、呈现的智能类型也是不同的,存在着一定的差异。

(二)多元智能理论的新发展

在智能理论提出的20年后,加德纳又提出了关于智能理论的新概念,即社会视角中的人类智能。加德纳认为,智能是生物心理的技能,行业(或者领域、学科、手艺)是社会属性。人类所拥有的智能种类和人类社会发展出来的

---

[1] [美]霍华德·加德纳.多元智能新视野[M].沈致隆,译.杭州:浙江人民出版社,2017:9.

不同行业、领域之间,存在着某种联系。基于此,加德纳基于社会背景的描述,将智能定义为两个因素相结合的产物:一是能够在不同的知识领域中运用自己能力的人;二是通过本身所提供的机会、所支持的教育机构以及所倡导的价值观,来培育人类个体的社会。也就是说,人的能力只代表了智能的一个方面,人类还需要社会组织和机构,来促进这些能力的发展。① 在加德纳看来,传统社会需要保持社会的凝聚力,智能只和保持良好人际关系的技巧相连,而工业化社会需要提供成型的技术和发展工业的手段。孤立地看待这些智能中的每一种,则拥有一种以上的特定智能与仅仅拥有一般智能相比的优越性,将无法受到重视。各种潜能组合而成的不同的智能轮廓,将使得更广泛的能力和业绩得以显现。当然,随着工作环境的变化,对智能组合的要求也在发生变化。比如,电子产品市场刚刚开始出现的时候,对语言智能、逻辑—数学智能和空间智能综合运用的需求就大大增加了。随着这类市场变得愈加精明,人际/自我认知智能也将在交易双方的工作中发挥作用。当前信息社会中知识经济和信息技术的发展,"机器换人"就使得一些人拥有的技能,已经为计算机和机器所替代。

根据加德纳多元智能理论可知,人的智能类型不同,人才素养的结构及其人才培养的目标、方式、途径也应该是不同的。教育提倡"有教无类",教育的根本任务,就在于根据不同群体或个体的智能结构和类型,采取适合的培养模式,来发展人的个性、发掘人的潜能、发现人的价值。而适应个体的智能优势,去培养社会所需要的不同类型的人才,正是教育存在的最重要的意义。对于高职学生而言,与普通高校的学生相比,在智力上没有高低之别,存在的只有智能的结构和类型的不同。同时,多元智能理论倡导的是一种积极的学生观,不同类型的学生各自有着自己的优势智能领域和智能结构。② 因此,高职学生职业核心素养模型的构建,需要结合高职学生知识结构和成长特点,对高职学生的智能类型进行准确定位,对智能结构的集成方式进行科学组合,将会十分有利于高职院校人才培养目标优化,有利于增强高职人才培养的科学性和针对性,从而更好地适应信息社会经济社会发展对人才类型和结构的新需求。

---

① [美]霍华德·加德纳.多元智能新视野[M].沈致隆,译.杭州:浙江人民出版社,2017:213.
② 姜大源.职业教育要义[M].北京:北京师范大学出版社,2017:5-9.

三、高职学生职业核心素养要求与人职匹配理论

人职匹配理论是关于人的个体特征与职业性质一致的理论，最早由Parson教授提出，其理论前提是承认人的个体特性和结构存在差异，这些个体差异适合于不同的职业。其基本思路是：个体差异是普遍存在的，每一个个体都有自己的特征，而每一种职业由于工作性质、环境、条件、方式的不同，对从业者的知识、能力、性格、气质等因素的要求是不同的。[①] 在Parson提出人职匹配理论以后，又相继产生了特性—因素理论、个性—职业类型理论、需要理论等不同的理论流派。其中，特性—因素理论旨在帮助个人寻求个体特性与具体职业要求之间最佳程度的匹配；个性—职业类型理论认为，员工对工作满意度和流动倾向性，取决于个体特征与职业环境的匹配程度；需要理论认为，个人的需要层次决定着个体选择职业的倾向，职业选择的意义在于满足个体的职业需要。综合这些理论流派的观点，把人职匹配分为两种类型：一种是条件匹配，即职业所需要的与劳动者掌握的知识、技术之间的匹配；另一种是特性匹配，即职业所需要的与劳动者所具有的个性、特点之间的匹配。[②] 比如，一根木棒在劳动者手里是劳动工具，在罪犯手里就是凶器。因此，人职匹配的关键在于如何找到人才与职业工作的最佳结合点，从而发挥出最大的效用。

人职匹配理论为个体职业发展提供了最基本的原则和遵循。高职学生职业核心素养模型的构建，需要按照人适其事的原则，通过工作分析对不同的职业岗位进行描述，并根据个体或群体不同的素质和需求，保持劳动者素质结构与职业岗位要求的同构性，做到人尽其才、物尽其用。

第二节 高职学生职业核心素养模型构建的维度考量

高职学生职业核心素养体现的是职业发展变化对人才素养的要求，直接

[①] 胡蓓,张文辉.职业胜任力测评[M].武汉:华中科技大学出版社,2012:25.
[②] 赵琛徽.人员素质测评[M].武汉:武汉大学出版社,2015:39-42.

对接具体的职业环境和岗位素质,具有鲜明的职业性和社会性特点,既要满足社会发展和职业发展的要求,又要突出高职教育的类型、学段特点,以及高职学生的个体成长特点。这些集中体现在高职学生职业核心素养模型构建的价值维度、结构维度和层次维度三个方面的考量。

一、高职学生职业核心素养模型构建的价值维度

价值维度体现的是模型构建需要考量的价值指向性。在国际社会,面对"21世纪应当培养什么样的人"的追问,不同国际组织、国家和地区在构建核心素养模型时具有一些不同的价值取向,但是在时代适应性和人的发展性方面是具有共识的。以经合组织为例,其核心素养项目研究的最初目的就是基于经济社会发展的需求,培养更多高素质劳动者,提高人力资本价值,提高劳动生产率和市场竞争力,从而推动各成员国经济的健康快速发展。[①]美国职业核心素养的理论研究和实践架构,也具有鲜明的以未来职业需求为价值取向的特色。提出的21世纪技能框架体系,三个层面的素养要点都在不同程度上指向了个体未来工作和生活的必要技能,同时体现出变革社会"能力观"的延续和拓展,也使其具有了一定的为未来职业做准备的职业导向性色彩。

进入21世纪以来,人类社会进入信息社会,伴随着知识经济和信息技术的发展,新的科学技术在工业生产中的广泛运用,以及劳动力市场的快速发展,知识技能的半衰期缩短,原有技术技能性的知识已不能完全适应新工业生产的需要。特别是随着产业转型和生产变革,基于常规性、重复性、程序性的操作型工作被机器所取代,雇主对从业者各方面的资格要求随之相应的提升,企业对从业者之间的人际交往、沟通交流等能力的要求前所未有,那些能够胜任不同岗位职业要求的、具有较高学习力和组织力的新技术工人需求急剧上升。牛津大学的卡尔·贝内迪克特·弗雷(Carl Benedikt Frey)和迈克尔·奥斯本(Michael Osborne)通过研究得出,职业的发展是一个不断适应新兴技术的过程,从业者会把日常任务交给机器去做,同时提升他们自己的工作技能以从事更多的管理机器的工作,并且从事非常规性的社会的、人际的

---

① 乔为.核心素养的本质与培育:基于职业教育的视角[J].职业技术教育,2018(13):20-27.

和有创造性的工作。① 弗兰克·麦克科劳瑞(Frank MacCrory)等人于2006年至2014年对美国674个职业的技能构成变化进行研究发现,工作岗位对感知技能和监督指导技能的需求下降了,而对人际交往技能和机器管理技能的需求却在增加。《2012年全民教育全球监测报告》列出了所有青年都需要的三类主要技能——基础技能、可转移技能和职业技术技能,以及青年获得这些技能的环境。重视"软"技能、可转移技能、非认知技能或21世纪技能的重要性,进一步丰富了关于教育内容和教育方法的思考。②

对于我国来讲,面对信息社会的经济社会发展和产业转型升级,国家陆续出台了一系列重大工程和项目,孕育了一些重要的发展理念、发展思路和发展战略。其中,党的十八大提出的创新、协调、绿色、开放、共享"五大发展理念",不仅是当代中国新的发展观,而且也为职业教育人才培养进一步指明了方向。而中国智造、"互联网+""一带一路"等发展战略,更是对职业教育人才培养提出了新要求。比如,中国智造战略要求的"工匠精神"和技能"高移"的要求;"互联网+"要求具备更加完善的数字素养和信息素养,为指数级增长的技术做好储备;"一带一路"倡议则强调具有更宽广的全球意识和国际视野,以及与之相适应的多元文化交织下的文化认知能力、人际交往能力、跨国沟通能力等。因此,在信息社会构建职业核心素养框架模型,绝不是只在职业教育体系内"自说自话",必须将其置于我国经济转型发展的宏观背景下整体把握,全面审视这场技术变革的本质特征及其主要影响,尤其是要结合中国学生发展核心素养中的责任担当、实践能力、创新精神等内容,形成既有普遍特性、又有职教特点的独特的"职教表达"。③

二、高职学生职业核心素养模型构建的结构维度

结构维度体现的是模型构建需要考量的指标范围及其结构关系。一般

---

① [美]凯文·拉古兰德,詹姆斯·J.休斯.未来的就业:技术性失业与解决之道[M].艾辉,冯丽丽,译,2018:172-173.

② 联合国教科文组织编.反思教育:向"全球共同利益"的理念转变?[M].联合国教科文组织总部中文科,译,2017:33.

③ 陈向阳.核心素养的职教表达与可能路径[J].当代职业教育,2018(1):18-21.

而言,核心素养本质上是指向"人"本身的,职业核心素养模型构建的出发点和落脚点是学生职业生涯的可持续发展。因此,职业核心素养模型的构建也不能仅仅从雇佣的可能性来谈教育,必须考虑到学生的成长规律特点和个体发展实际,规避"主体缺位"和"顾此失彼"现象。《国家中长期教育改革和发展规划纲要(2010—2020年)》强调,要树立科学的质量观,把促进人的全面发展、适应社会需要作为衡量教育质量的根本标准。姜大源教授在《职业教育要义》中提出,职业教育的培养目标不是打造被动的"知识存储器",也不是培养被动的"技能机器人"。职业教育要使一个"自然人"或是"生物人",成为社会所需要的职业人,但又不仅仅是纯粹的职业人,而应该是一个既要生存又要发展的社会人。① 职业教育的这一培养目标规定了职业核心素养不能脱离具体的社会环境建构。正如明尼苏达大学的戴维斯和罗圭斯特(Dawis & Lofquist)提出的工作适应理论,当工作环境能满足个体发展需求,个体也能够满足工作技能要求时,个体在该工作领域更容易得到可持续的职业发展。

在国际社会,经合组织基于人与社会的关系提出核心素养的三个结构维度,具体包括了"能互动地使用工具""能自主地行动"和"能在异质社会团体中互动",这三个结构维度的关注点各有侧重,但彼此相互联系。之后,各个国际组织、国家和地区核心素养框架基本上都聚焦在自我发展、文化学习和社会参与三大领域。其中,自我发展是个体与社会发展的重要基础,文化学习是个体适应未来社会的根本动力,社会参与是个体价值实现与社会发展的根本保障。这三个结构维度的确定,主要考虑的是三个维度与教育价值体系的对应关系。在价值哲学看来,价值是客体对主体的意义或有用性,是客体功能属性之于主体需要的满足程度。② 其中,人的价值是价值哲学的基本问题之一,人的价值又具体分为元价值、工具性价值和消费性价值三个层次。人的生命价值是人的元价值(个体性价值),人的社会生产价值是工具性价值(工具性价值),人的社会生活价值是消费性价值(社会性价值)。对于教育本身而言,广义的教育泛指一切有目的地影响人的身心发展的社会活动,教育的根本价值在于人的价值实现,即最终要通过对人的培养和发展来实现。由

---

① 姜大源.职业教育要义[M].北京:北京师范大学出版社,2017:10.
② 袁贵仁.价值观的理论与实践:价值观若干问题的思考[M].北京:北京师范大学出版社,2013:83.

是观之,教育的价值结构与人的价值结构存在着紧密的联系。教育价值的根本价值是元价值或个体性价值,教育的工具性价值要通过教育元价值得以实现,教育的社会性价值同样需要价值的元价值和工具性价值来实现。因此可以认为,教育的个体性价值、工具性价值和社会性价值是紧密联系在一起的,相互之间是一种递进的结构性关系,三者相互作用共同构成系统的教育价值三元分类体系。与之相对应的,教育的各种现象和活动,最终都可以归因于三元价值体系得到解释,如表3-1所示。[1] 因此,职业核心素养模型构建结构维度的确定可以参照现有的一些框架模式,在整体上聚焦人与自我、人与工具、人与社会三大领域,在科学遴选和论证的基础上有效整合各个领域的要素和内容,并使其互为补充、相互促进,在不同情境中发挥作用,从而实现个人、社会和国家发展统一的目标。

表3-1 教育价值体系与核心素养体系的逻辑对应关系

价值分类	元价值	工具性价值	消费性价值
教育价值	生命发展价值	生产能力发展价值	生活能力发展价值
价值属性	个体性	工具性	社会性
核心素养领域	自主发展 (人与自我)	文化基础 (人与工具)	社会参与 (人与社会)

三、高职学生职业核心素养模型构建的层次维度

层次维度体现的是模型构建需要考量的教育类型和学段特点。在对核心素养进行研究和探索的过程中,各个国际组织、不同国家和地区都建立了较为系统和全面的指标体系。指标或多或少,都在不同层面使核心素养框架具象化,发挥了实践导向作用。同时,这些核心素养指标体系都提出了核心素养的普遍性和特殊性、连续性和阶段性的问题,不同教育背景、不同教育阶段的核心素养指标内容应该是不同的。由此可知,核心素养指标和要素的遴选不能仅仅理解为理论性的、抽象性的,而应该将其放到不同的教育文化背景和教育阶段进行甄别,即针对不同类型教育培养目标和不同学段学生发展

---

[1] 杨志成.核心素养的本质追问与实践探析[J].教育研究,2017(7):14-20.

特点,确定具体化的指标和要素。①

放到整个教育体系的大系统下,高职教育属于5B教育的范畴,要面向实际、面向技术、面向职业,定向于某个特定的职业。高职教育的职业指向性特点规定了其在一定意义上是一种类型教育,这种姓"职"的职业属性也使得其在国民教育系统中具有类型的不可替代性。因此,高职学生职业核心素养指标和要素的遴选应体现出职业教育文化和高职教育学段的特点。一方面,职业教育文化具有鲜明的职业特色,对产教融合、校企合作等的强调,使得"信誉""效益"等企业价值文化,"质量""竞争"等企业经营文化,"责任""创新"等企业发展文化,"合群""协作"等企业行为文化在高职院校学校文化中体现得更为充分。另一方面,还要考虑到高职教育学段学生发展的特点和需求。对于高职学生总体而言,从学龄特点来看,高职学生均为00后,总体上在17~20岁之间,正处于青春期,具有这一阶段明显的生理、心理和情感体验。从职业发展来看,高职学生正经历从"学校人"向"职业人"的转变,他们个体的社会性得到充分发展,具备一定的责任担当和实践创新。但是,高职学生大多为高考的失意者,存在一定的学习不作为现象,"轻知识重技能"的观念普遍存在,以至于在人文底蕴和科学精神方面相对欠缺。比如,很多高职学生迷恋于反复程序性的操作某一项技能,久而久之形成思维线性,学会学习的能力极为缺乏。② 正如联合国教科文组织在《反思教育:向"全球共同利益"的理念转变?》中的思考,作为高职学生发展的职业核心素养,学会如何学习从来没有像今天这么重要。

总之,高职学生职业核心素养模型构建中结构、指标和要素等的确定,既要考虑到经济发展、社会变革对职业岗位和职业关系的影响,又要考虑到行业企业对职业人才素养的最新要求,更要考量高职教育阶段学生的知识、能力、态度、价值观等发展状况。需要在价值维度上表现出适应未来职业发展及其人的终身学习需要,在结构维度上表现出强调个体、国家和社会发展的统一,在层次维度上表现出符合高职教育文化和学段发展特点。以此为指导,通过广泛的调研和充分的论证,进行本土化的筛选和确定,同时应当随着经济发展、职业变化而不断地进行动态调整。③

---

① 褚宏启,张咏梅,田一.我国学生的核心素养及其培育[J].中小学管理,2015(9):4-7.
② 陈向阳.核心素养的职教表达与可能路径[J].当代职业教育,2018(1):18-21.
③ 楼飞燕,王曼,杜学文.德国职业教育核心素养的探究及启示[J].黑龙江高教研究,2018(1):55-58.

第三节 高职学生职业核心素养模型构建的模式选择

不同国际组织、国家和地区核心素养的探索,虽然提出的背景和目的不尽相同,但都是基于适应21世纪经济社会发展的挑战,是个体适应未来社会、促进终身学习、实现全面发展的重要保障。为了在教育实践中贯彻落实这一教育目标,各个国际组织、国家和地区还纷纷建立起结构完整的核心素养指标体系和框架模型,以此更好地推动教育改革,保证教育目标的实现。

一、国外典型的核心素养模型

根据不同国际组织、国家和地区核心素养框架模型的结构和特点,大致划分为层级并列型、整体交互型、系统整合型和同心辐射型四种类型。[①]

(一)层级并列型结构模型

层级并列型结构指的是内部要素之间的关系在横向上是并列的,在纵向上是分层的,以经合组织最早提出的核心素养框架最为典型。经合组织主要通过对人的研究,将个人生活纳入社会环境和社会发展中,从人的自身、使用工具、参与社会三个角度出发,分别探讨个体在这些不同角色中的素养,概括为"能自律自主地行动""能互动地使用工具""能在异质社群中进行互动"三个结构维度,这三个方面即为框架的一级指标。其中,能自律自主的行动强调的是人与自己的关系,指的是要在环境中建构自我认同,让个体本身有意义;能互动地使用工具强调的是人与物的关系,指的是人为使用语言、知识、技术等改造社会、服务发展的意识和能力;能在异质社群中进行互动强调的是人与社会的关系,指的是人通过参与社会活动内容,实现与社会的有效交流互动。当然,正如亚里士多德理解的"人是社会的动物",人是社会中的人,

---

[①] 李新.核心素养结构的四种类型比较研究[J].上海教育科研,2016(8):29-32.

人的活动也难免与他人、与社会发生关联,因而这三个方面也并非完全独立存在的,三个层面也存在一定的交互关系。在每个一级指标下面又细化为3个二级指标,共生成9个二级指标,反映的是一级指标在实际社会生活中的具体素养。同时,经合组织还对这些二级指标给出了相对明确的阐释。这样,就形成了"三面九项"核心素养,构成一个完整的框架体系,如表3-2所示。由于经合组织的核心素养项目开展的较早,并且产生了广泛的影响,其成员国如澳大利亚、新西兰等,在探索本国学生核心素养时,大多参照和借鉴了经合组织的结构维度和框架模式。

表3-2 经合组织"三面九项"核心素养框架体系

一级指标(三面)	二级指标(九项)
能自律自主地行动	1. 在复杂大环境中行动的能力
	2. 设计人生规划及个人计划的能力
	3. 维护权利、利益、限制与需求的能力
能互动地使用工具	1. 互动地使用语言、符号与文本的能力
	2. 互动地使用知识及信息的能力
	3. 互动地使用科技的能力
能在异质社群中进行互动	1. 与他人建立良好关系的能力
	2. 与他人团队合作的能力
	3. 控制与解决冲突的能力

(二)整体交互型结构模型

整体交互型结构指的是核心素养遵循整体的逻辑思路架构,同时各要素之间没有一个明确的界线,彼此之间有一定的交叉重叠,并在互动的过程中产生影响。欧盟及其部分成员国提出的核心素养框架属于这一类型。欧盟成员国普遍认为,核心素养是个体获得成功、融入社会、胜任工作的必备要素,具体包括知识、能力和态度三个方面。2006年,欧盟基于终身教育理念提出了"终身学习核心素养",包括了八大要素七项内涵,如表3-3所示。其中,八大要素即八项基本能力,其中的八项基本能力之间属于平级分类,没有清晰的划分标准,但是相互之间是彼此连接且相互支持的。比如,母语沟通、外语沟通、数位素养等是从事一切学习的基础,学习如何学习则支持一切学习活动之进行。此外,批判思考、创造力、主动积极、解决问题、风险评估、做决定、感受管理全面贯穿于八大要素的具体内涵,支撑着八大核心素养在具体实施中的生动实践。当然,全面审视欧盟提出的这一核心素养框架,其在整体理念的统领下,定位于让公民获得终身学习的能力,在变革社会中实现个体成功的生活和社会经济的发展,统整了个人、经济和社会三方面的关系,兼顾了个人职业发展、经济有效增长和社会稳定发展。这个素养框架提出以后,迅速被欧洲议会采用,成为成员国核心素养指标要素遴选和界定的主要依据,同时也成为成员国早期核心素养教育方案制定的实践操作指南。

表3-3 欧盟终身学习核心素养框架体系

国民核心素养的八大架构	七项具体内涵
母语沟通	批判思考
外语沟通	创造力
数学素养以及基本科技素养	主动积极
数位素养	解决问题
学习如何学习	风险评估
人际、跨文化与社会素养以及公民素养	做决定
积极创新应变的企业家精神与创业力	感受管理
文化表达	

(三)系统整合型结构模型

系统整合型结构指的是核心素养的各要素具有一定的逻辑,呈系统分布,同时核心素养影响辐射教育的各个环节,有效整合进素养框架中。美国的21世纪技能框架是典型代表。美国21世纪技能框架根植于21世纪核心素养项目,这一项目从一开始就建立了以核心素养为轴心的学习体系,具体涉及学习的科目主题、学习结果的指标以及学习的支持系统,如图3-1所示。[1] 在此基础上,美国于2007年提出"拱形彩虹结构"21世纪技能学习体系

---

[1] 林崇德.21世纪学生发展核心素养研究[M].北京:北京师范大学出版社,2016:76.

框架,主要包括三个部分:第一部分是彩虹外环的核心素养指标,包括生活与职业技能、学习与创新技能、信息、媒介与技术技能。描述的是学生面向21世纪生活和工作必须掌握的知识、技能和专业智能。第二部分是彩虹内环的核心素养内容,主要涉及核心科目与21世纪议题。值得一提的是,这一模型将全球意识、公民素养、理财素养、健康素养和环保素养5个21世纪议题纳入核心素养内容体系,其目的在于帮助学生进一步学习应对现实生活的具体问题。前两个部分合在一起就是学生学习的成果。其中,核心素养指标的落实需要依赖于核心素养内容规定的学科知识发展和学生理解。第三部分是彩虹底座的支持系统,这也是美国21世纪技能框架最大的特色所在,具体涵盖了标准与评价、课程与教学、教师专业发展和学习环境四个部分,是支持各种核心素养形成和落实的基础。同时,支持系统与指标体系和内容体系是相辅相成的,共同构成美国21世纪学习体系。总体来看,美国21世纪核心素养体系具有更强的整合性和更好的整体性,核心素养影响和辐射到教育的各个具体环节和过程,融入整个教育体系中,显得更为系统立体,是相对线性结构更为综合和成熟的结构模型。

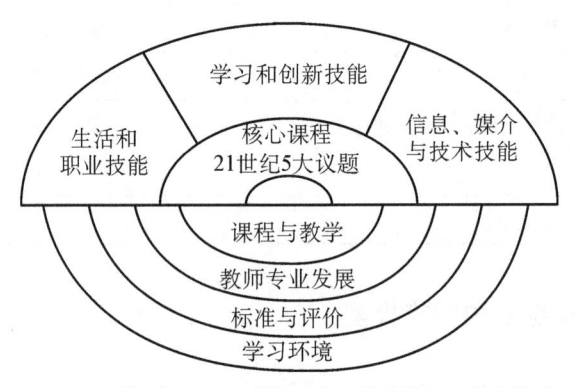

图3-1 美国21世纪"拱形彩虹结构"核心素养模型

(四)同心辐射型结构模型

同心辐射型结构指的是核心素养各要素之间呈现出同心圆结构的排列方式,核心为圆点,并对外辐射。新加坡的"21世纪素养"框架和日本"21世纪型能力"框架是典型代表。新加坡的21世纪素养框架由三个同心圆组成,最内环的是核心价值观,在框架体系中居于最核心的地位。以核心价值观为中心,辐射和发展出与自我发展相关的能力和未来社会需要的素养,如图3-2所示。这一核心素养框架中的核心价值观包括了尊重、关爱、负责、坚毅与和谐等,源自新加坡共同的价值观。值得一提的是,新加坡的21世纪素养体系具有明显的国际视野,提出学生要适应国际化趋势,能够与来自不同文化背景、具有不同观念的人一道工作,其同心圆框架最外环的素养包括了公民素养、全球意识和跨文化交流技能,批判性、创新性思维,交流、合作和信息技能。

图3-2 新加坡"21世纪素养"模型

与新加坡的21世纪素养体系相比较,日本的21世纪型能力更为简单,用三个圆分别表示三种能力,如图3-3所示。其中,思维能力居于核心地位,由发现和解决问题的能力、逻辑思维能力、批判思维能力、创造力、适应力等构成;支撑思维能力的是基础能力,内在包括了语言技能、数量关系技能和信息技能,特别是信息化加速发展的信息社会,信息技能已必不可少;实践能力处于外围,涵盖了自我调整和自主选择的能力、与他人有效交流的能力等,它限定了思维能力的使用方法。① 至于三种能力之间的关系,基础能力支撑着思维能力,而实践能力则引导着思维能力。同时,这三个圆之间又是部分重叠的,这也就意味着三种能力之间是相互依存的,并非孤立的存在。可以说,核

---

① 辛涛,姜宇.全球视域下学生核心素养模型的构建[J].人民教育,2015(9):54-58.

心素养的同心辐射型结构模型提供了一种相对清晰简约的框架模式。当然，这一结构模式有其核心和重点，外围能力的培养必须具有核心指向，辐合于中心核心能力。

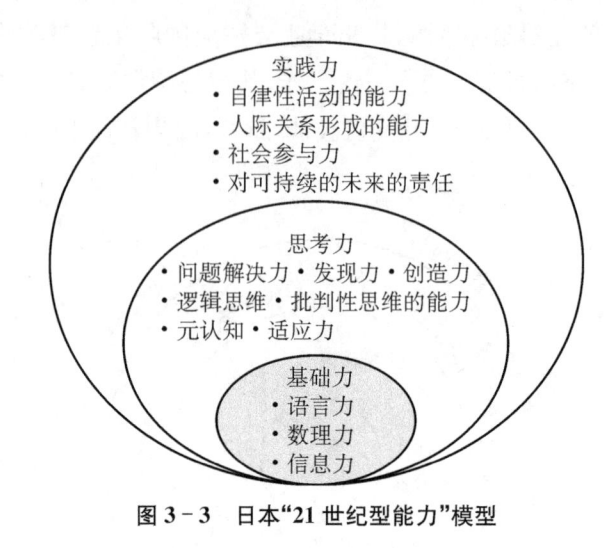

图 3-3 日本"21 世纪型能力"模型

二、我国典型的核心素养模型

（一）台湾地区国民核心素养模型

国际组织和西方国家对于核心素养的研究较早传入中国台湾地区，并成为台湾地区核心素养理论研究和实践框架的重要参照。梳理台湾地区核心素养探索的过程，最早是在 2005 年 12 月，当时台湾行政院科学委员会资助的专题研究项目"界定与选择国民核心素养：概念参考架构与理论基础研究"，正式开启了对核心素养教育的相关研究。2013 年，以台湾中正大学蔡清田教授等为代表的教育学界，在学习和借鉴国际组织和西方国家核心素养框架模式的基础上，提出了具有台湾地区特色的国民核心素养框架。台湾地区的这一框架以终身学习为核心理念，在结构维度上依据的是经合组织的三个维度，主要由"三面九项"构成。三面又称"三面能力"，即核心素养架构的三个维度：自主行动、沟通互动、社会参与。九项即三面能力的具体化九项素养，主要包括身心素质与自我精进、道德实践与公民意识、系统思考与解决问题、科技信息与媒体素养、符号运用与沟通表达、艺术涵养与美感素养、人际关系与团队合作、规划执行与创新应变、多元文化与国际理解等九种能力,如图3-4所示。在框架模式上,台湾地区的这一核心素养结构模型称之为"滚动圆轮意象",类似于新加坡和日本的同心辐射型。不同的是,该结构不仅重视知识、能力和态度的统整,还加入了生活情境,重视与所处环境的统整,强调核心素养在实际生活情境中的动态生成。"滚动圆轮意象"意味着,建基于终身学习的基础概念,强调终身学习者在真实的生活和学习环境中,通过自主行动、沟通互动和社会参与,更好地展现其主体性,同时在这一过程中表现出"核心素养"的延续性与全面性,并能随时代环境变化在生活情境"滚轮"的助推下层层外扩形成动态发展态势。①

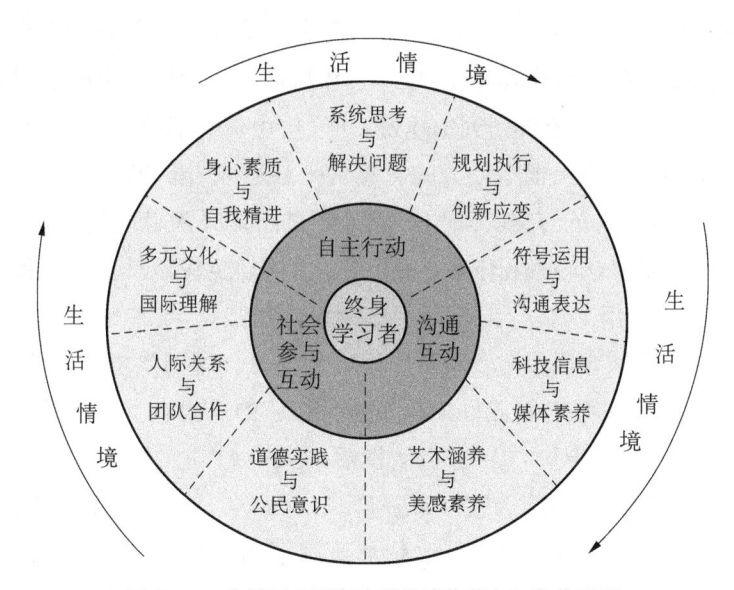

图3-4 台湾地区"滚动圆轮意象"核心素养模型

2013年11月,台湾地区教育主管部门通过《十二年国民基本教育课程发展指引》,之后又发布《十二年国民基本教育课程纲要总纲》,从基础教育层面开始将核心素养框架作为教育教学改革特别是课程改革的重要导引。时至

---

① 蔡清田.核心素养在台湾十二年国民基本教育课程改革的角色[J].全球教育展望,2016(2):13-23.

今日,经过十几年的研究、探索和实践,从核心素养理念到核心素养指标再到核心素养导引下的学科课程标准,当前台湾地区已经形成了一套比较科学规范、并且具有可操作性和执行力的操作规程和联动机制。从最初的基础教育领域"破土"到各个教育阶段的"动工",不同阶段教育机构正基于学生认知发展、阶段教育特点等的不同,将核心素养细化嵌入各个教育阶段人才培养中,通过培养标准的完善和学科、课程等的统整,逐步形成了一个前后有效衔接的、稳定的、连贯的人才培养体系,与之相配套的教学评价、教师发展等方面的实践探索也在如火如荼地进行中。

(二)中国学生发展核心素养模型

大陆地区核心素养研究最初见于政府委托的专题项目和政府文件,逐步实现着从理念到实践的转化。2013年,北京师范大学林崇德教授牵头主持的教育部重大委托项目《我国基础教育阶段和高等教育阶段学生核心素养模型研究》拉开了我国核心素养研究的序幕。2014年3月,教育部《关于全面深化课程改革落实立德树人根本任务的意见》,把核心素养研究置于落实立德树人目标、深化课程改革的重要地位。倡导通过组织开展针对性的研究,提出各个学段学生发展核心素养体系,明确各个学段学生应该具备的必备品格和关键能力。2015年1月,全国教育工作会议再次强调,要加快研究并及时发布中国学生发展核心素养标准体系。2016年9月,《中国学生发展核心素养》总体框架正式发布,核心素养框架在"立德树人"的总要求下,坚持科学性、民族性、时代性的基本原则,围绕"全面发展的人"为核心,具体表现为三个层次、六个方面和十八个基本要点,如图3-5所示。[①] 其中,自主发展、文化基础、社会参与三个方面的总体框架,依然延续了国际组织和一些国家关于个人发展、社会发展、国家发展相统一的价值取向,体现了马克思主义关于人的社会性、人的全面发展等本质要求,同时与我国传统儒家文化中修身、治学、济世的价值理念紧密呼应,可以说有效整合了个人、社会和国家三个层面对学生发展的内在要求。

---

① 百度百科. 中国学生发展核心素养[EB/OL]. https://baike.so.com/doc/24396081-25220490.html.

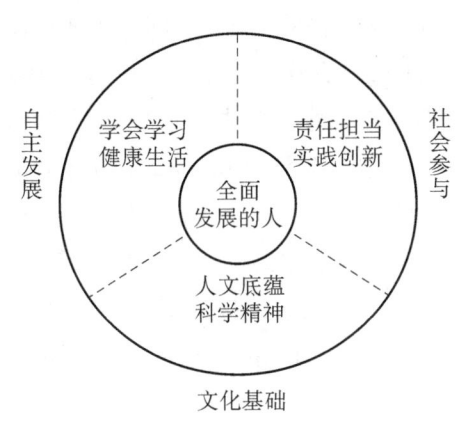

图 3-5 中国学生发展核心素养模型

在此值得一提的是，中国学生发展核心素养模型在坚持科学性和时代性的基础上，还体现出较强的民族性色彩。核心素养立足于中国优秀传统文化，特别是儒家文化的传承与发展，落实到新时代中国特色社会主义核心价值观的各个方面。同时强调社会责任和国家认同等时代情结和国家情怀，体现出鲜明的民族特点，在吸收和借鉴的基础上融入了中国国情和中国特色。当然，正如《中国学生发展核心素养》报告中提到的，这一核心素养模型只是一个总体性的指导框架，至于各个学段学生的不同需求，比如，小学生、中学生和大学生的需求完全不同，普通大学生和职业院校学生也存在差异，这就需要根据这一总体框架，针对学生年龄特点、知识结构和能力需求等，因时因势因人做出进一步的研究和探索，提出各学段学生的具体标准和要求，用于指导各学段的人才培养、教学改革、课程整合、学习评价和教师发展等教育理论和实践改革。

三、高职学生职业核心素养模型的可行模式

通过对国内外核心素养模型的对比分析，虽然架构模式不尽相同，但都是为了应对 21 世纪经济社会发展和教育改革挑战的共同诉求，在世界范围内具有一定的共通性。同时，不同类型和性质的国际组织，以及不同国家和地区核心素养模型框架呈现出鲜明的地域特色和传统特点，在价值取向上与其所处环境的社会背景和文化脉络密切相关，在指标体系上与本国教育发展状

况和教育目标架构互为补充。同欧美国家相比,亚洲国家和地区在核心素养模型构建的过程中,受到东方地域文化和价值理念的影响,核心素养兼具普遍性的同时表现出一定的特殊性。其中比较显著的一点就是强调传统文化的价值意义,并将其置于理论阐释的中心环节。比如,新加坡、日本、中国大陆、中国台湾采用的框架都近似于"同心辐射型"结构模型。正如新加坡原教育部长王瑞杰强调的那样,要通过加强个性、公民和价值观教育,让学生在工作和生活中更加出色。学校虽然无法保证所有学生离开校园时都能具有社会认可的一技之长,但是正确价值观的教育可以让学生无论面对什么境况都可以从容应对。[①]

对于高职院校而言,高职教育总的指导思想是"立德树人",从十八大到十九大,从2016年全国高校思想政治工作会议到2018年全国教育大会,习近平总书记始终强调把"立德树人"作为教育的根本任务,这是对"培养什么人、怎样培养人、为谁培养人"这一问题做出的深刻回答,同样是高职教育必须始终坚持的价值观和着力实践的方法论。基于此,高职学生职业核心素养模型构建的模式选择,具有相似文化传统和教育理念的亚洲国家和地区的结构模型是重点参照的对象。同时,考虑到我国教育文化的传承和发展、职业教育的特殊类型和人才培养定位,高职学生职业核心素养模型的构建,还应该具有特定的框架模式和结构特征。综合考量之下,立德树人引领下的"同心辐射型"结构模型不失为一种比较可行的模式选择,其中体现"立德树人"价值根据和价值标准的核心价值观教育是中心环节。

本章小结

职业核心素养作为国家宏观教育目标的具体体现,对职业教育人才培养改革具有方向引领的作用。面对信息社会的技术进步、生产变革和职业变化,培养学生职业核心素养的目的,也就在于培养21世纪的知识、能力、情感、态度、价值观等核心竞争能力,成为21世纪职业生存和发展需要的合格的社

[①] 黄四林,左璜,莫雷,等.学生发展核心素养研究的国际分析[J].中国教育学刊,2016(6):8-14.

会公民。放眼全球，不同的国际组织、国家和地区对核心素养的关注都在不同程度上反映了技术进步和社会经济发展的最新要求，其对人的全面发展的强调、对终身教育的重视、对未来职业的关注、对传统文化的尊重等价值取向，其系统建构起的框架模型和指标体系，其凝练概括出的国家认同、国际视野、学习与创新素养、互联技术与信息素养、人际交往素养等素养要素，内容虽然并不完全相同，但是为后续研究提供了很好的借鉴和启发。

高职学生职业核心素养模型的建构，必须首先将其限定在特定的背景下做针对性的理论探讨。基于高职学生职业核心素养涵盖的内容、结构和要求，将模型构建与各种教育学理论建立关联，高职学生职业核心素养模型构建的学理基础涉及与内容相关的职业成长规律理论、与结构相关的多元智能理论、与要求相关的人职匹配理论。同时，基于高职教育的类型特征和学段特点，以及高职学生的个体成长特点，高职学生职业核心素养的模型构建需要综合考虑价值维度、结构维度和层次维度三个维度，在价值维度上体现出适应未来职业发展及其人的终身学习需要，在结构维度上体现出强调个体、国家和社会发展的统一，在层次维度上体现出符合高职教育文化和学段发展特点。此外，基于科学性、时代性和民族性的原则，高职学生职业核心素养模型构建的模式，参照中国学生发展核心素养模型，以及具有相似文化传统和教育理念的亚洲国家和地区的结构模型，综合考量之下，"同心辐射型"结构模型是一种相对可行的模式选择。

第四章

高职学生职业核心素养模型构建及结构分析

高职学生职业核心素养模型是建立在理论设计和实证分析基础上的一个宏观指标体系,其设计和应用的基本宗旨在于,为高职院校的人才培养目标提供参照,对高职学生职业核心素养培养状况进行评价,促进高职学生职业生涯的可持续发展。

第一节 高职学生职业核心素养模型的构建流程

一、模型构建的思路与方法

(一)模型构建的思路

不同国际组织、国家和地区在构建核心素养模型时,基于各自国情特点和教育状况,采取了各种不同的设计思路,概括地说主要有三种类型:一是自上而下型。基于演绎推理的研究范式,由研究团队根据文献资料先提出理论构想和内容框架,再经过广泛征求意见和建议,以修改和完善体系框架。这种思路的优点是历时短、收效快,缺点是研究的全面性和针对性不足。其典型代表是联合国教科文组织。二是自下而上型。基于归纳推理的研究范式,先广泛征求意见和建议,以此为基础提炼和构建框架体系。这种思路的优点是结果的全面性和合理性,缺点是时间长、效率低。其典型代表是经合组织。三是整合型。是自上而下与自下而上两种研究思路的结合,即在理论研究的同时征求意见,最后将两种范式取得的研究结果整合。其典型代表是美国、新加坡、中国台湾地区等。相比较而言,整合型的研究思路因为吸收了前两种思路的优点,又在一定程度上规避了前两种研究思路的不足,是一种更为科学有效的研究范式,成为当前国际社会各个国家和地区开展核心素养研究的理想范式。① 中国学生发展核心素养框架的研究采用的就是这种研究思路。综合比较之下,本研究选用的是整合型的研究范式。

根据整合型的构建思路,拟定具体的研究框架,如图4-1所示。按照这一框架的研究主要分三个步骤进行,最终确定高职学生职业核心素养的要素和结构。第一阶段,对高职学生职业核心素养的构成广泛征求意见,提出初拟构成要素,并进行要素的初步设计。在对国内外核心素养框架学习借鉴,以及对大量研究文献梳理的基础上,初步提炼出职业核心素养的构成要素,形成《高职学生职业核心素养征求意见表》,征询专家的意见和建议。根据理论分析以及征求意见的结果,初步确定高职学生职业核心素养初级要素。第二阶段,在对各种初级要素进行比较、筛选、归纳的基础上,按照人与自我(自主发展有关的素养)、人与工具(知识习得有关的素养)、人与社会(社会参与有关的素养)三个维度进行整合,将职业核心素养的要素作为指标具体化形成调查问卷,面向高职院校紧密型合作企业进行问卷调查,并进行探索性因素和验证性因素分析,进一步提炼高职学生职业核心素养构成要素。第三阶段,再次征询专家意见,最终确定高职学生职业核心素养的要素和结构,并据此构建理论模型。

图4-1 高职学生职业核心素养模型构建思路

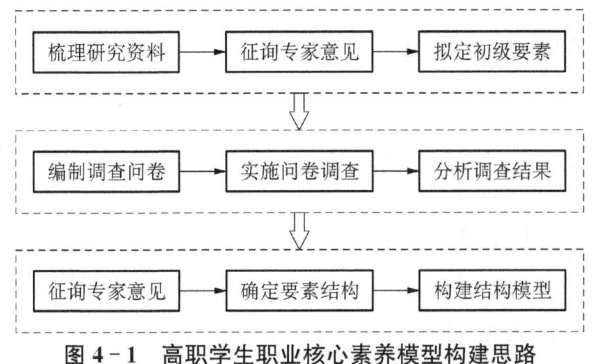

① 林崇德.21世纪学生发展核心素养研究[M].北京:北京师范大学出版社,2016:139.

（二）模型构建的方法

为配合实证分析的需要，确保研究过程和结果的科学性和有效性，模型构建中应用的研究方法主要涉及文献分析法、问卷调查法、统计分析法和德尔菲专家咨询法。其中，第一阶段应用的研究方法主要是文献分析法和德尔菲专家咨询法。文献分析法的运用主要是对国内外核心素养的指标、要素、内容进行梳理、描述与比较，作为界定与遴选职业核心素养要素初步遴选的基本依据。德尔菲专家咨询法的运用主要是对形成的初级要素进行筛选，增强研究的针对性，减少弱相关要素对研究的影响。第二阶段应用的研究方法主要是问卷调查法和统计分析法，其中包括了问卷的编制、试测、确定，以及调查的实施和结果的分析。在此，借助了 Excel、SPSS 22.0 软件，对调查数据进行统计分析。第三阶段再次应用德尔菲专家咨询法，对问卷调查结果进行专家意见征询，根据征询意见进行适当修改和完善要素和结构，达到去粗取精、去伪存真的目的。德尔菲专家咨询法的反复运用，旨在通过多次调查与反馈，最后得到尽可能精确的结果。因为与常用的开放性、一次性的问卷调查相比，德尔菲专家咨询法的诊断结果更具有说服力。

总之，高职学生职业核心素养模型的构建，采用整合型思路，综合使用多种方法互为补充，保证研究过程的科学性和有效性。同时，以国内外文献分析为基础，理论研究与实证分析相结合，教育调查与专家意见征询相结合，既从不同的层面广泛征询到不同类型、不同层次对象的意见和建议，也在最大程度上保证了研究结果的信度和效度。

二、问卷的编制与调查实施

（一）搜集素养指标，征求专家意见

高职学生职业核心素养要素初步遴选的来源和依据主要有三个方面：一是经合组织、联合国教科文组织和欧盟 3 个国际组织，以及美国、英国、法国、日本、新加坡、澳大利亚、新西兰、中国台湾地区等 8 个国家和地区提出的核心素养要素；二是中国学生发展核心素养研究过程中，项目组初步遴选出的 32 项核心素养要素及 2016 年正式发布的文件中提出的 18 项核心素养要素；三

是国内外学界在职业核心素养研究中提出的有代表性的指标和要素。比如，在国际社会，世界经济论坛2015年对雇主进行的调查显示，到2020年，工作对认知能力、系统技能和解决复杂问题能力的需求将急剧增加；美国皮尤研究中心关于对未来职业的研究、英国董事学会2016年度报告、澳大利亚《未来被数字化激活的劳动力》报告，都提到了21世纪新兴技术之于从业者信息能力、技术应用能力、机器管理能力等职业能力的影响，以及对未来职业及其匹配技能的预测；弗兰克·麦克科劳瑞等人基于对美国674个职业的技能构成变化进行研究，提出一个包含7个基本技能的模型：人工灵巧性技能、机器管理技能、监督指导技能、视觉和感知技能、人际交往技能、主动性（如创新和毅力）、工具操作。[①] 在国内，江苏省教育科学研究院方健华研究员构建了"轮台套筒式"中职生综合素养结构模型；华东师范大学徐国庆教授团队研究得出了36项职业教育学生发展核心素养要素；等等。

在要素遴选的过程中，参照专家提出的意见，一是考虑到信息社会技术发展的背景，以及新兴技术对职业岗位及人才素养的影响；二是考虑到高职教育在整个教育体系中的位置以及学段发展特点；三是考虑到高职学生职业可持续发展需要的必备品格和关键能力。经过综合梳理并广泛征求意见，共得出42项要素，以此为基础形成《高职学生职业核心素养意见征求表》，见附录1。邀请20名职业教育领域专家进行意见征询，从中选出他们认可的，在确定高职学生职业核心素养指标时可供选择的要素。

专家征询意见的结果显示，专家赞同度比较高的素养包括职业道德、创新与创造力、技术应用能力、生涯发展与规划、沟通交流能力、团队合作能力、职业适应能力、岗位迁移能力。赞同度比较低的素养是尊重与包容、工作价值、生命意识、技术组织与实施、自信乐观、反思能力。另外，部分专家提出了其他的看法和建议。根据20名专家的意见和建议，对原有42项要素进行增减和合并。因概念表述重复或关联度不高而合并和减少的素养有7项：技术组织与实施、工作价值、可持续发展意识、安全意识、自信乐观，积极进取和尊重与包容整合为性格品质，生命意识与健康素养合并为生命与健康意识；因概念表述不够通俗和精确而更改表述的有4项：团队合作能力改

[①] [美] 凯文·拉古兰德，詹姆斯·J.休斯.未来的就业：技术性失业与解决之道[M].艾辉，冯丽丽，译，2018：176.

为合作协作能力,创新与创造力改为创造创新能力,国际意识改为全球意识,审美能力改为审美情趣;适应职业发展需要增加的素养有2项:领导力与责任感、社会实践经验。综合考量之下,初步确定高职学生职业核心素养初级要素37项。

(二)编制调查问卷,实施问卷调查

1. 编制调查问卷

问卷结构选择核心素养研究中普遍采用的人与自我(自主发展有关的素养)、人与工具(知识习得有关的素养)、人与社会(社会参与有关的素养)三个维度。根据人与自我、人与工具、人与社会三个维度及其下属类目,确定三个维度37项指标构成问卷的基本结构,如表4-1所示。

表4-1 高职学生职业核心素养问卷结构

维度	指标
人与自我 (自主发展有关的素养)	自我认同、性格品质、生命与健康意识、自我管理能力、职业兴趣、学会学习、生涯发展与规划、质量意识、反思能力、问题解决能力、批判质疑精神、主动探索与研究、领导力与责任感
人与工具 (知识习得有关的素养)	人文积淀、外语能力、审美情趣、科学素养、创造创新能力、职业适应能力、技术应用能力、任务执行能力、资源统筹能力、岗位迁移能力、机器管理能力
人与社会 (社会参与有关的素养)	国家认同、绿色意识、全球意识、社会参与与贡献、多元文化理解、沟通交流能力、合作协作能力、劳动意识、法律与规则意识、信息意识、信息能力、数据分析能力、社会实践经验

问卷结构确定以后,征询相关专家意见,初步形成包括37道题目的问卷首稿。应用问卷的首稿在C学校的校企合作企业进行试测,试测对象为40个合作企业的人力资源部门负责人。采用SPSS 22.0软件对所得数据进行处理,对37个题项与总分进行相关分析,删除相关系数偏低的2个题项,分别是反思能力、绿色意识,保留的35个题项均达到显著性相关水平。应用Cronbach's alpha系数对问卷的内部一致性信度进行检验,获得的系数值为0.788,数据表明问卷具有良好的信度。

根据试测的结果,经修改后形成正式的调查问卷。正式问卷由四个部分

构成:第一部分是基本信息,第二至第四部分是调查内容,共三个维度35个题项,采用的是李克特五级量表。三个维度分别对应着人与自我(12题),调查高职学生个体自主发展有关的素养;人与工具(11题),调查高职学生知识习得有关的素养;人与社会(12题),调查高职学生社会参与有关的素养。具体见附录2。

2. 调查对象取样

调查将研究的区域范围限定为江苏省,原因有二:一是江苏省高职教育走在全国前列,现有高职高专院校近100所,总量位居全国第一;二是江苏省经济发展位居全国前列,中小企业众多,规模以上中小企业占比97.4%,总数位居全国第一,对高职毕业生需求量大。在正式问卷调查的过程中,主要面向紧密型校企合作企业,这些企业与高职院校有着长期的紧密合作,对高职学生的职业素养需求有着更加清晰的了解,可以更好地保证调查结果的科学性和合理性。

(1)问卷发放与回收。

调查过程采取随机抽样的办法。① 问卷调查过程中,考虑到高职院校的不同类型,把高职院校分为高水平高职院校、示范性高职院校、普通高职院校和民办高职院校四种类型。调查中共选取8所高职院校,其中淮安2所,南京、常州、宿迁、徐州、扬州、无锡各1所。② 在对企业负责人问卷调查的过程中,重点选取的是这8所高职院校的紧密型合作企业,也是毕业生主要的实习和就业单位,调查对象主要为企业法人和人力资源部门负责人。企业调查尝试通过多种渠道进行发放和回收问卷。其中,通过直接进企业调查,发出纸质问卷47份,回收问卷41份;通过8所高职院校提供的近3年该校毕业生用人单位名录,筛选之后以电子邮件、QQ、微信转发等形式发放问卷277份,回收问卷152份;通过高职毕业生专场招聘会企业招聘负责人现场填写,发出纸质问卷300份,回收问卷271份。三种方式合计收回问卷464份。通过对回收问卷的初步检查,在收回的这464份调查问卷中,24份问卷填写不完整,29份问卷存在比较明显的随意填写迹象。对不合格问卷进行剔除后,共回收有效问卷411份。

(2)样本的描述性统计。

根据对调查问卷的筛选,具体有效样本情况如表4-2所示。

表 4-2 群体样本分布情况

项 目	单位基本信息					参与调查人员信息		
	单位性质			单位规模				
	国企	民企	外资	>1 000人	<1 000人	法人	人力资源主管	其他
数量	21	326	64	145	266	87	243	81
比例	5.11%	79.32%	15.57%	35.28%	64.72%	21.17%	59.12%	19.71%

三、调查数据的统计与分析

（一）主要变量的描述性统计

通过 SPSS 22.0 对问卷数据处理，主要变量的描述性统计如表 4-3 所示。

表 4-3 调查结果的描述性统计分析

观测变量	Minimum	Maximum	Mean	Skewness	kurtosis	Std
自我认同	3	5	4.59	−.312	−.852	.918
性格品质	3	5	3.97	.158	−.498	.822
生命与健康意识	2	3	2.35	−.372	−.926	.850
自我管理能力	3	5	3.69	−.386	−.089	.763
职业兴趣	2	4	3.51	−.457	−.562	.918
学会学习	2	5	3.66	.327	−.681	.738
生涯发展与规划	2	4	3.45	−.574	−.562	.908
质量意识	1	5	3.95	−.521	−.611	.903
问题解决能力	3	5	3.73	.348	−.588	.917
批判质疑精神	2	5	4.24	−.451	−.155	.824
主动探索与研究	2	4	3.71	−.157	−.479	.851
领导力与责任感	2	4	3.47	.627	−.681	.859
人文积淀	3	5	4.37	−.773	.042	.857
外语能力	4	5	4.43	.454	−.651	.919

续 表

观测变量	Minimum	Maximum	Mean	Skewness	kurtosis	Std
审美情趣	3	5	4.37	−.773	.042	.857
科学素养	2	4	3.47	.367	−.322	.772
创造创新能力	2	5	3.27	−.176	−.523	.736
职业适应能力	2	4	3.58	.718	−.588	.854
技术应用能力	2	4	3.56	.139	−.372	.819
任务执行能力	2	4	3.45	−.574	−.562	.908
资源统筹能力	2	4	3.56	.619	−.372	.859
岗位迁移能力	2	4	3.81	−.185	−.599	.837
机器管理能力	2	4	3.51	−.457	−.562	.918
国家认同	1	5	3.25	.612	.523	.822
全球意识	2	4	3.75	−.528	−.714	.845
社会参与和贡献	1	5	3.86	.322	.368	.855
多元文化理解	2	4	3.37	.397	−.322	.978
沟通交流能力	2	4	3.12	.347	−.278	.689
合作协作能力	2	4	3.62	.093	−.278	.795
劳动意识	2	4	2.88	.085	−.198	.885
法律与规则意识	2	4	3.12	−.511	−.569	.868
信息意识	2	5	3.66	.327	−.681	.738
信息能力	3	5	3.73	.348	−.588	.917
数据分析能力	2	5	4.24	−.451	−.155	.824
社会实践经验	2	4	3.56	.619	−.372	.859

（二）实证结果与分析

高职学生职业核心素养影响因素变量的 KMO 值为 0.847；Baetlett 值为 3 146.137，显著性为 0.00，表示相关矩阵不是单位矩阵，即适宜于因子分析，如表 4-4 所示。

表4-4 影响因素变量的 KMO 和 Bartlett 检验

取样足够度的 Kaiser-Meyer-Olkin 度量		0.847
Bartlett 的球形度检验	近似卡方	3 146.137
	df	411
	Sig.	.000

（三）因子分析

根据特征值大于1的原则选取因子,因子解释原有变量总方差的情况,如表4-5所示。

表4-5 特征根与方差贡献率

成分	初始特征值			提取平方和载入			旋转平方和载入		
	合计	方差%	累积%	合计	方差%	累积%	合计	方差%	累积%
1	3.147	26.224	26.224	3.147	26.224	26.224	2.366	19.717	29.717
2	1.631	13.590	39.815	1.631	13.590	39.815	1.840	15.329	45.046
3	1.418	11.819	51.634	1.418	11.819	51.634	1.674	13.947	61.993
4	1.200	10.001	61.635	1.039	8.657	70.291	1.160	9.664	70.291
5	1.039	8.657	70.291						
6	0.927	7.726	78.017						
7	0.880	7.337	85.354						
8	0.649	5.407	90.761						
9	0.625	5.205	95.966						
10	0.433	3.612	99.578						
11	0.048	0.404	99.982						
12	0.002	0.018	100.00						

提取方法:主成分分析。

由上表结果可以看出,研究采用主成分分析法计算公共因子特征值、贡献率及累计贡献率,且特征值大于1的有4个,前4个因子占据了累计方差的70.291%,这也充分说明了这4个因子提供了原始数据足够多的信息。旋转后的因子载荷矩阵如表4-6所示。

表 4-6 旋转后的因子载荷矩阵

题项		因子载荷			
		因子1	因子2	因子3	因子4
FA1	自我认同	.874	.220	.177	.375
	性格品质	.859	.067	.279	.361
	生命与健康意识	.912	.110	.205	.232
	质量意识	.779	.277	.185	.274
	国家认同	.769	.232	.185	.296
	劳动意识	.855	.049	.101	.368
	法律与规则意识	.763	.253	.193	.269
FA2	生涯发展与规划	.377	.217	.803	.252
	领导力与责任感	.280	.335	.796	.108
	职业适应能力	.200	.269	.835	.263
	社会参与与贡献	.097	.178	.839	.179
	岗位迁移能力	.203	.185	.826	.241
	多元文化理解	.175	.196	.796	.301
	社会实践经验	.169	.261	.749	.193
FA3	学会学习	.154	.778	.314	.265
	问题解决能力	.023	.831	.118	.089
	批判质疑精神	.153	.900	.169	.156
	主动探索与研究	.177	.864	.197	.185
	创造创新能力	.206	.807	.291	.231
	沟通交流能力	.202	.823	.069	.202
	合作协作能力	.196	.785	.163	.218
FA4	技术应用能力	.225	.244	.195	.861
	任务执行能力	.201	.129	.294	.804
	资源统筹能力	.047	.054	.213	.795
	机器管理能力	.231	.070	.094	.892
	信息意识	.111	.209	.163	.778
	信息能力	.107	.054	.269	.813
	数据分析能力	.159	.209	.179	.892

对萃取的四个因子进行命名。

FA1中,鉴于"自我认同、性格品质、生命与健康意识、质量意识、国家认同、劳动意识及法律与规则意识",这七个变量的负荷值都比较大,其他的相对较小。同时,考虑到这七个变量都是对职业精神、价值取向和道德情操等精神或心理反应,集中体现的是职业发展中的品格与修养。故该因子可以命名为"职业品格与修养"。

FA2中,鉴于"生涯发展与规划、领导力与责任感、职业适应能力、社会参与与贡献、岗位迁移能力、多元文化理解及社会实践经验",这七个变量的负荷值都比较大,其他的相对较小。同时,考虑到这七个变量集中体现了个体未来职业发展中,应当具备的最基本的认知、能力和水平,与职业生活和职业生涯发展密切相关。故该因子可以命名为"生活与生涯素养"。

FA3中,鉴于"学会学习、问题解决能力、批判质疑精神、主动探索与研究、创造创新能力、沟通交流能力、合作协作能力",这七个变量的负荷值都比较大,其他的相对较小。同时,考虑到这七个变量中主要体现的是职业关系的新变化对个体能力和素质的动态发展要求,总体上要求个体在职业发展中通过不断的学习和创新获得和完善。故该因子可以命名为"学习与创新素养"。

FA4中,鉴于"技术应用能力、任务执行能力、资源统筹能力、机器管理能力、信息意识、信息能力及数据分析能力",这七个变量的负荷值都比较大,其他的相对较小。同时,考虑到这七个变量主要体现的是信息社会信息和技术影响下,职业发展对个体能力的刚性要求和特征,总体上与技术的应用和信息的获取有关。故该因子可以命名为"信息与技术素养"。

第二节 高职学生职业核心素养模型的结构特征

一、高职学生职业核心素养模型的构建

基于高职教育的功能特点和高职人才培养的目标定位,高职学生职业核心素养模型构建的主要目的,在于培养信息社会经济社会发展需要的高素质技术技能人才,最大限度地确保高职学生在校学习的知识和技能,满足职业生涯可持续发展的需求,使其真正成为21世纪技术进步和产业升级中合格的"职业人"。

在前面的分析中已知,高职学生职业核心素养模型构建的模式选择,具有相似文化传统和教育理念的亚洲国家和地区的核心素养模型是重点关注的对象。总的来说,亚洲国家和地区的核心素养框架以"价值观"为中心,表现

为相对简明的"同心辐射型"结构模型。比如,新加坡将社会核心价值作为实现"思考型学校和学习型社会"的核心指向,中国香港以"个人和社会的态度和价值观"为核心构建核心素养框架,中国学生发展核心素养也是以核心价值观为轴心的,等等。结合我国教育实际,高职学生职业核心素养模型的构建,也采用"同心辐射型"的构建模式。在指导思想和价值导向上体现社会主义核心价值观教育的要求,在结构模式上以核心价值观为中心,辐射带动各项素养要素的整体发展。据此,以核心价值观为中心构建起"同心辐射型"高职学生职业核心素养模型。核心价值观为中心层,职业品格与修养、生活与生涯素养、学习与创新素养、信息与技术素养四个层面为中间层,与之相对应的二十八项要素为外围层,如图4-2所示。其中,职业品格与修养又包括了自我认同、性格品质、生命与健康意识、质量意识、国家认同、劳动意识、法律与规则意识等七项基本要素;生活与生涯素养又包括了生涯发展与规划、领导力与责任感、职业适应能力、岗位迁移能力、社会参与与贡献、多元文化理解、社会实践经验等七项基本要素;学习与创新素养又包括了学会学习、问题解决能力、批判质疑精神、主动探索与研究、创造创新能力、沟通交流能力、合作协作能力等七项基本要素;信息与技术素养又包括了技术应用能力、任务执行能力、资源统筹能力、机器管理能力、信息意识、信息能力、数据分析能力等七项基本要素。

图4-2 高职学生职业核心素养"同心辐射型"模型

二、高职学生职业核心素养模型的特征

(一) 核心价值观的中心地位

《国家中长期教育改革和发展规划纲要(2010—2020年)》提出,要树立科学的质量观,把促进人的全面发展、适应社会需要作为衡量教育质量的根本标准。在高职学生职业核心素养模型构建中,突出社会主义核心价值观的中心位置,既是高职教育落实"立德树人"教育理念、贯彻科学质量观、促进全面发展的重要职责,同时也是高职院校人才培养改革的现实要求。

(1) 立德树人是我国各个阶段教育的根本任务,是培养什么人、怎样培养人的根本问题。对于高职教育而言,培养适应经济社会发展需要的、担当民族复兴大任的时代新人,必须把德育放在首位。价值观是德育的核心,不仅决定着个体的性格特征,而且能够塑造个体的信仰、情感、态度及行为,其本身就是关键而必要的素养。特别是信息社会知识经济和信息技术的迅猛发展,人与人之间、人与物之间的关系更趋多元化,信息、物质之于人的异化大为增强,更加需要确立价值观在教育中的重要地位,实现"工具理性"向"价值理性"的回归。此外,在核心素养中确立价值观的中心地位,科学认识社会主义核心价值观的意义和优势,本身就是文化自觉和文化自信的表现,有助于提升"文化育人"的影响力,发挥其与经济社会发展适应的引导力,这本身也是21世纪职业教育应当肩负的重要使命。[①]

(2) 高职学生职业核心素养是高职学生应当具备的适应个体职业发展和经济社会发展需要的必备品格和关键能力。其中,品格就其本质而言,处理的是人的关系,这种关系包括人与自我、人与他人、人与社会的关系,比如人与自我关系中的认同,人与他人关系中的合作,人与社会关系中的责任等,个人、社会和国家三者之于核心素养框架结构中的目标是一致的。而社会主义核心价值观是中国特色社会主义核心价值体系的精要和内核,同样涵盖了个人、社会、国家三个层面的价值要求。由是观之,两者在某种程度上是重合的。

[①] 张平仁,邰舒竹.论构建凸显中国价值观的核心素养体系[J].河北师范大学学报(教育科学版),2017(3):77-82.

当然,从学理的角度来看,职业核心素养的内涵和外延相对更加丰富,不仅包含了思想政治建设方面的要求,而且包括了社会价值取向等方面的要求。高职学生作为社会主义现代化建设的一个高知群体,是社会分工中技术进步和劳动分工的直接承载者和实施者,其素养结构内容,比起一般的社会公民更加严格和具体。因此,将社会主义核心价值观融入高职学生职业核心素养框架,能够更好地保证高职学生的思想和行为符合社会主流价值观的要求,这不仅是信息社会培育和践行社会主义核心价值观的客观要求,同时也是高职学生提升个体职业素养、强化"高素质"特征,在生产、服务一线岗位实践中应用"技术技能"实现自我价值、推动社会发展和国家进步的内在要求。

(二) 四个层面的结构特征

高职学生职业核心素养模型中,职业品格与修养、生活与生涯素养、学习与创新素养、信息与技术素养四个层面构成了一个完整的体系。四个层面包含的要素比较容易理解,其中职业品格与修养、生活与生涯素养具有一定的"内隐性",学习与创新素养、信息与技术素养具有一定的"外显性"。为方便理解,参照学界在个体素质结构分析中,经常使用的抽象性、应用性、稳定性和发展性四个维度,[①]构成素养结构的四象限图,如图4-3所示。总体来看,职业品格与修养及其包括的各种要素,其抽象性和稳定性比较明显,需要在教育"活动"中滋润和培养,一旦养成,不易改变;生活与生涯素养及其包括的各种要素,抽象性和发展性比较明显,需要在生活和生涯"过程"中发展,发展过程较慢,一旦形成,不易消失;学习与创新素养及其包括的各种要素,其应用性和发展性比较明显,需要通过持续的学习和实践训练养成,往往是一种能力解决一类问题,可以触类旁通,有一定的流动性和可迁移性;信息与技术素养及其包括的各种要素,其稳定性和应用性比较明显,需要通过具体的岗位实践训练检验、巩固和提高,一种能力往往解决一种问题,各种能力之间的替代性不高,职业性和专业性较强。

---

① 佟庆伟,秋实.个体素质结构论[J].北京:中国科学技术出版社,2001:74-75.

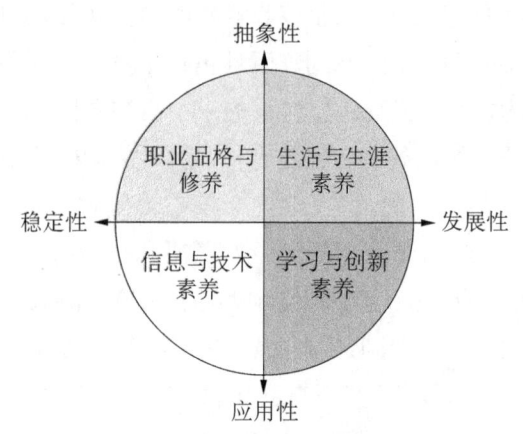

图 4-3 高职学生职业核心素养结构象限图

对于四个层面的素养之于个体的职业行为,或者说是在职业发展中问题解决的作用,职业品格与修养、生活与生涯素养总体上起到"指挥"和"调控"的作用,学习与创新素养、信息与技术素养则更多地起到"操作"和"应用"知识和能力的作用。四个层面的素养共同组成的结构,决定了个体职业素养的高低,进而决定了个体外在的职业行为能力。

(三)模型结构的差异性分析

在不同的教育类型和价值体系下,职业核心素养的层次结构包含的要素是不同的。由于高职教育是一种类型教育,在此,结合中职、高职、应用型本科人才培养的目标定位,阐述其职业核心素养结构与要素的差异,从而更好地体现出高职学生职业核心素养要素和结构的功能性、层次性特点。

信息社会大工业生产的背景下,科学、技术、生产、人的价值链条构成了生产的基本过程,不同类型和层次的教育活动都可以在这一过程中找到相应的位置,并据此确定人才培养的知识、能力、情感、态度、价值观等目标定位。相比较而言,普通高等教育的人才培养目标接近于"科学"领域,培养的人才主要致力于发现和创新理论知识。职业教育类型的人才培养目标更倾向于技术和生产领域,要求人才能够运用技术知识解决生产中的技术问题。按照职业教育的学段层次由低到高依次来看,首先看中职教育人才培养的定位,为生产领域培养熟练常规操作的技术员、技术工人等初中级技术技能人才。其中对理论知识的要求限于"够用",人才能力的要求相对单一,技能要求熟练规范。其次看专科层次高职教育人才培养的定位,为技术生产领域培养熟练运用较为复杂的知识和技术能力,并能够适应产业转型和生产变革需要的复合型、创新型的中高级技术技能人才。其中对人才的综合素质要求较高,要求从业者应用复杂的技术进行熟练操作,不仅能够面向当前职业岗位需要,而且具备满足未来社会职业发展的技术水平和实践能力。最后看技术应用型本科人才培养的定位,为技术生产领域培养综合运用各种技术知识创造性地解决生产中的技术问题,进行现场监控和管理的高级技术技能人才。其中要求培养出的人才具有相当高的技术水平,能够综合运用各种技术知识,创新性地解决生产过程中不确定的复杂技术问题,对生产过程及现场进行科学有效的管理。[①]

考虑到不同类型层次教育的特点和人才培养目标定位,其职业核心素养的要素、结构必然存在差异,综合来看这种差异主要表现在两个方面:"成分"上的差异和"程度"上的差异。[②]

(1)"成分"上的差异。成分上的差异指的是不同类型、层次的学生职业核心素养结构中不同层面的素养要素所占比例上的差异。比如,对照人才培养的目标定位,技术应用型本科突出强调的是"实践性""技术性"和"应用性"的基本特征,其要素相对会更加复杂多样,知识和能力的专业化程度要求更高;中职教育强调的是"实践性"特征,其要素相对更加简单,对信息与技术素养及其要素可能更为看重,相反,职业品格与修养、生活与生涯素养、学习与创新素养,特别是其中的知识、态度等非智力要素的重要性相较次之;高职教育突出强调的是"实践性"和"技术性"的基本特征,其要素应当介于两者之间,四个层面的要素之间的复合和集成是必要的。

(2)"程度"上的差异。程度上的差异指的是同一类型和层次的学生,在不同学段、群体身上发展的不均衡性。由于不同学段、群体、个体的个性特征本身不同,知识储备、知识结构、能力结构是不同的,其情感、态度、价值观等非智力因素也会存在很大的差异。再加上学习环境、学习态度、学习能力等因素的影响,体现在不同的群体和个体身上,各种素养要素并非是平均发展

[①] 鄂甜.中职、专科高职和应用技术本科教育人才培养目标分层解析[J].职业技术教育,2015(1):13-17.

[②] 佟庆伟,秋实.个体素质结构论[J].北京:中国科学技术出版社,2001:130-132.

的,有些方面会比较突出,而有些方面可能比较薄弱,因而素养要素的结构在"程度"上的差异也是绝对的。这一点也正是高职教育活动中提出"有教无类""因材施教""个性教育"等问题的主要依据。

总之,职业核心素养的层次、结构和要素与不同的教育类型和价值体系密切相关。学生职业核心素养的形成和发展与教育是密不可分的。不同类型、层次教育的培养目标是职业核心素养要素结构形成的前提和基础,开展的教育活动又为职业核心素养形成和发展提供了学习和实践环境,是职业核心素养培养的"主阵地",促进群体或个体职业核心素养结构发展和完善。

第三节 高职学生职业核心素养模型的要素描述

高职学生职业核心素养是一个多要素的结构,其中,结构由要素组成,通过要素的组合反映出来,要素是结构的展开和具体表现。在此,结合高职教育特点和高职学生职业发展需求,对各个要素做简要的情境描述。

一、职业品格与修养:要素及其表现

重在考察高职学生职业发展应当具备的人格品质、心理面貌和精神风貌。是信息社会政治制度、经济关系、道德文化、价值取向、理想情操、社会行为等在个体身上的集中反映和综合表现。

(一) 自我认同

包括了高职学生自我了解和自我实现两个部分。具体表现为能正确认识与评估自我;依据自身个性和潜质选择适合的职业发展方向;具有达成职业目标持续的行动力;在追求和接近职业目标的过程中体会到自我价值的实现及其建立起来的职业自信与职业自尊等。

(二) 性格品质

高职学生在各种实践活动中形成的,同时反过来又对实践活动产生积极

或消极作用的品行。[①] 主要包括心智觉知、好奇、勇气、顺应力、道德标准等基本点。[②] 相对于知识和技能,性格品质具体表现为:可以更好地预言学生未来学习、富有成效的工作与职业、积极承担公民责任等方面的成功。

(三) 生命与健康意识

高职学生对生命的自觉认识,以及建立在对生命认知基础上的,在认识自我、发展身心、规划人生等方面的综合表现。具体包括珍爱生命、健全人格、健康生活、快乐工作等基本要点。

(四) 质量意识

高职学生对社会分工中未来职业岗位质量工作的认识和理解程度。具体表现为质量认知、质量知识和质量信念。其中,质量知识又具体包括产品质量知识、质量管理知识和质量法制知识等基本点。一般来说,质量知识越丰富,质量认知越容易,质量信念越坚定。

(五) 国家认同

高职学生在内心深处具有的民族意识和家国情怀。具体表现为认识并了解国情历史,认同国民身份;具有文化自信,尊重中华民族的优秀文化成果,能传播弘扬中华优秀传统文化和社会主义先进文化;理解、接受并自觉践行社会主义核心价值观,具有为实现中华民族伟大复兴"中国梦"而不懈奋斗的信念和行动。

(六) 劳动意识

高职学生植根于"劳动光荣、技能宝贵、创造伟大"的时代号召,具体表现为尊重劳动,具有积极的劳动态度和良好的劳动习惯;掌握一定的劳动技能,在主动参加的岗位劳动、志愿活动和社会实践中,具有改进和创新劳动方式、提高劳动效率的意识和能力;具有通过诚实合法劳动,创造职业成功生活的意识和行动等。

[①] 佟庆伟,秋实.个体素质结构论[M].北京:中国科学技术出版社,2001:70.
[②] [美]查尔斯·菲德尔,玛雅·比亚利克,伯尼·特里林.四个维度的教育:学习者迈向成功的必备素养[M].罗德红,译.上海:华东师范大学出版社,2017:120.

(七)法律与规则意识

法律与规则都是社会意识的一部分,是人们思想和行为的准则。高职学生的法律和规则意识指的是发自内心的、以法律和规则作为自己行为准绳的意识,具体表现为在职业工作中遵守法律法规、遵守厂纪厂规、遵守社会公德、遵守职业规则等基本点。

二、生活与生涯素养:要素及其表现

重在考察信息社会背景下,随着职业关系的新变化,高职学生对未来职业生活的思想准备、知识准备和技能准备,以及未来职业生涯发展各个阶段所必须具备的认知、能力和水平。

(一)生涯发展与规划

高职学生对职业生涯发展的整体设计,表现为个体通过对生涯发展的主客观因素分析、研判和测定,确立个体的职业生涯发展目标,并为实现目标而预先进行生涯发展系统安排的活动或过程。主要包括学习规划、职业规划、生活规划和理财规划等基本点。

(二)领导力与责任感

高职学生职业发展中的领导力主要表现为一种特殊的人际影响力,是一种能够激发团队成员热情与想象力的能力,也是一种能够带领团队成员完成目标的能力;责任感表现为个体对自己和他人、集体、社会、国家负责任的情感和意识,以及自觉遵守规范、履行义务、承担责任的态度和行动。一般来讲,责任感是领导力的重要因素,同时也是领导力的重要体现。

(三)职业适应能力

如果把传统工业社会的大工业生产、批量生产称之为"刚性生产",信息社会的工业生产则可以称之为"柔性生产"。高职学生的职业适应能力表现为,除了具备职业岗位匹配的生理素质、心理素质、知识结构及技能水平等,而且具备必要的环境适应能力、人际适应能力、职业扩展能力等。

（四）岗位迁移能力

信息社会人职关系的新变化,传统职业岗位中稳固的契约关系遭到挑战,需要能够转移和适应不同工作需求及环境的多种知识和技能。高职学生的岗位迁移能力指的是适应终身学习的要求,着重培养新职业关系下"技能生长式"可持续发展的职业能力,具体表现为能够适应职业发展变化的需要,在不同岗位之间的职业胜任力。当然,这些知识和技能有些是在学校环境外培养而成的,但可通过教育和培训来进一步充实和完善。

（五）社会参与与贡献

高职学生在从"学校人"向"职业人"的过渡阶段,个体体现出的社会适应能力及其社会参与的意识和能力,同时也是个体为了在未来社会更好地生存和发展,在生理上、心理上、行为上做出各种适应性改变。社会参与与贡献是反馈个体职业核心素养状况的间接表现。

（六）多元文化理解

高职学生在全球化背景下,面向未来的职业必须具有的全球意识、世界眼光和开放心态,了解人类文明进程和世界发展动态。具体表现为学会在全球社会这一文化意义的情境中看待差异问题,深入地理解文化的多样性,尊重多元文化的差异性;积极顺应形势,参与跨文化的沟通与交流,理解人类命运共同体的时代特征和现实价值等。

（七）社会实践经验

高职学生在面临现实职业发展时,具体表现为个体在某个职位或某个领域内的工作年限、工作体验和岗位经验。因此,高职学生在职业发展中的岗位任职时间表,或者完成任务的工作业绩非常重要。

三、学习与创新素养:要素及其表现

重在考察高职学生在职业发展过程中,坚持终身学习的理念,将知识、能力、情感、态度、价值观的学习和培养贯穿职业发展全过程。同时,以深度学习为基础,在职业发展的具体领域,勇于创新创造,不断尝试各种切实可行的新点子,以便做出新贡献。

(一) 学会学习

21世纪的文盲不再是不能阅读和写作,而是不会学习、不会忘却和不会再学习的人。[①] 高职学生职业发展中的学会学习表现为在信息社会如何形成学习意识、如何选择学习方式、如何调控学习进程等基本点。为此,高职学生需要根据职业情境变化经常训练反思、了解自己的学习,学会如何基于环境和目标调整学习内容与行为。

(二) 问题解决能力

高职学生在特定的职业情境中能善于发现和提出问题,并且有解决问题的兴趣和热情;能依据特定职业情境和条件,选择制订合理的解决方案,提出合适的解决办法;能在复杂多变的职业环境中行动,用传统或创新方式解决各种不熟悉的问题等。

(三) 批判质疑精神

批判质疑精神本质上指向的是提出疑问,而不是接受其表面价值。高职学生的批判质疑精神具体表现为在职业发展中能够独立思考、独立判断,多角度、辩证地分析问题,做出选择和决定;批判性地学习前人经验和做事方法,能对证据、论点、主张等进行有效分析和评价。

(四) 主动探索与研究

高职学生的主动探索与研究具体表现为对于特定的职业情境或职业岗位,保持好奇心和想象力,并且能够勇于探究;职业发展中能不畏困难,有坚持不懈的探索精神;岗位工作中能大胆尝试,积极寻求有效的问题解决方法等。

---

① Flexnib. That Alvin Toffler Quotation. http://www.flexnib.com/2013/07/03/that-alvin-toffler-quotation.

（五）创造创新能力

高职学生职业竞争中对于创造创新思维和创新能力的要求，不仅包括创新意识与创新精神，而且包括创新思维与创新能力。具体表现为能够面对问题开展创造性的思考，以现有的思维模式提出有别于常规或常人思路的见解；保持开放的心态，利用现有的知识和物质实施创新，改进或创造新的事物，并能够取得有效用有效益的结果。

（六）沟通交流能力

高职学生面向未来职业发展的沟通交流能力，具体表现为有效地利用口头、书面甚至非语言的沟通技巧来清晰地表达思想和观点；会使用各种沟通手段，如通知、指导、激励、说服等；能够跨语言跨文化实行有效沟通。

（七）合作协作能力

高职学生在职业发展中与他人合作共事的能力。具体表现为具备有效合作的能力，并能尊重各类差异化的团队；对于完成任务，学会向团队成员做出必要的妥协，并掌握妥协的灵活性、原则和意愿；能够与团队成员共同承担责任，协同工作，能够珍视每个团队成员的个人贡献。

四、信息与技术素养：要素及其表现

重在考察信息社会知识经济与信息技术的融合与创新，以及由此带来的新产业形态、新生产模式、新制造流程、新营销模式等的形成，劳动者除了应当掌握本领域的技术与技能以外，具备一定的对云平台、大数据、物联网等网络信息技术的理解能力、适应能力和运用能力成为一种必需。

（一）技术应用能力

高职学生能够利用所学知识理解技术与职业的有机联系，具有学习掌握技术的兴趣和意愿；具有工程和技术思维，并能够将创意和方案等转化为有形的产品、方法和路径，或对已有产品、方法和路径进行技术改进与优化等。

（二）任务执行能力

高职学生完成任务的意愿、完成任务的能力，以及完成任务的程度。具体表现为在特定的职业岗位中，按照预定的目标，把上级或团队的想法转化为行动，把行动变成结果。当然，对于不同层次不同岗位人员而言，其任务执行能力的要求也应该是有所区别的。

（三）资源统筹能力

高职学生在职业发展中利用现有的和潜在的各种资源通盘筹划的能力。具体表现为在具体职业工作中能够通过洞察事物、科学谋划、整合协调，来有效地推动工作、达成目标的各种能力的组合。

（四）机器管理能力

随着信息社会计算机密集型工作的增加，并逐渐取代更多的劳动密集型工作，计算机化将工作岗位从不使用计算机的职业重新分配到使用计算机的职业。虽然管理人类的技能重要性下降了，但运用计算机管理机器、智能系统的技能变得越来越重要。[①] 高职学生的机器管理能力表现为除了具有专业知识和技能以外，还应当掌握必要的机器和系统管理知识、计算机管理能力、信息挖掘和管理等知识和能力。

（五）信息意识

信息意识一般由信息需求、信息心理和信息认知等基本点构成，对信息的心理需求越强，意识就越明确，自觉性、能动性就越大。高职学生的信息意识指的是对所关心的事或物的信息敏感力、观察力和分析判断能力及其对信息的创新能力。具体表现为能够自觉、有效地关注和关联信息；主动适应"互联网＋"等社会信息化发展趋势，具有信息时代数字化生存能力；具有网络伦理道德与信息安全意识等。

---

① ［美］凯文·拉古兰德，詹姆斯·J.休斯.未来的就业：技术性失业与解决之道［M］.艾辉，冯丽丽，译，2018：179.

（六）信息能力

高职学生未来职业发展中必备的理解、获取、利用信息的能力。具体表现为信息获取能力、信息判断能力和信息处理能力。其中，信息获取能力是能够从多种渠道获取所需信息的能力；信息判断能力是对众多的信息进行识别，客观准确地判断其内容，并能够从中引出适当信息的能力；信息处理能力是对于收集到的信息，通过适当的处理，读取其中隐含的、有意义的信息的能力。

（七）数据分析能力

数据分析能力是一种高层次的思维品质。高职学生的数据分析能力指的是适应信息社会职业发展变化，从大量数据中自动搜索隐藏于其中的关联性。具体表现为数据的认识能力、数据的收集能力、数据的整理能力、数据的表述能力和数据的探究能力等。数据分析能力往往与数据统计、计算机科学、情报检索等相关学科的知识和技能有关，只有在解决问题的过程中，在动手实践中才能得到充分发展。

本章小结

在信息社会日益变化的职业世界中，知识的发展和技术的进步正在重新定义产业和生产过程中技术、生产与人的关系，将先进技术、自主性的组织构架与人的知识生产结合起来。在这样的时代背景下，高职教育的发展面对着一个时刻变化着的职业世界。高职教育只有顺应形势"未雨绸缪"，通过科学准确的分析和研判，对未来职业岗位的职业资格、职业能力需求做出科学的判断，并以此为依据优化和改进高职教育的人才培养目标、培养模式、教学内容、方法和手段，才能使高职教育不是被动地而是主动地去应对不断变化着的职业世界变化，满足经济社会发展的新要求，促进不断适配着的个体职业生涯的发展需要。[1]

---

[1] 姜大源.职业教育要义[M].北京:北京师范大学出版社,2017:106-107.

基于高职教育"培养什么样人的"的实践观照,从企业人才需求和高职学生职业发展需要的视角构建高职学生职业核心素养模型。在模型构建的过程中,采用的是"整合型"研究思路,在国内外研究和实践成果筛选、比较和归纳的基础上,按照人与自我、人与工具、人与社会三个维度进行整合,将初步筛选出的要素作为指标具体化形成调查问卷,经过试测调整形成正式问卷。选取江苏省 8 所不同层次高职院校的紧密型合作企业进行问卷调查,利用 SPSS 22.0 软件进行探索性因素分析和验证性因素分析,进一步提炼出高职学生职业核心素养要素二十八项。据此,以核心价值观为核心构建起"同心辐射型"高职学生职业核心素养模型。其中,社会主义核心价值观为中心层,职业品格与修养、生活与生涯素养、学习与创新素养、信息与技术素养四个层面为中间层,与之相对应的二十八项要素为外围层。职业品格与修养又包括了自我认同、性格品质、生命与健康意识、质量意识、国家认同、劳动意识、法律与规则意识等七项基本要素;生活与生涯素养又包括了生涯发展与规划、领导力与责任感、职业适应能力、岗位迁移能力、社会参与与贡献、多元文化理解、社会实践经验等七项基本要素;学习与创新素养又包括了学会学习、问题解决能力、批判质疑精神、主动探索与研究、创造创新能力、沟通交流能力、合作协作能力等七项基本要素;信息与技术素养又包括了技术应用能力、任务执行能力、资源统筹能力、机器管理能力、信息意识、信息能力、数据分析能力等七项基本要素。

在高职学生职业核心素养模型中,职业品格与修养、生活与生涯素养、学习与创新素养、信息与技术素养四个层面二十八项要素构成了一个完整的体系。对于四个层面的素养之于个体的职业行为,或者说是在职业发展中问题解决的作用,职业品格与修养、生活与生涯素养总体上起到"指挥"和"调控"的作用,学习与创新素养、信息与技术素养则更多地起到"操作"和"应用"知识和能力的作用。四个层面的素养共同组成的结构,决定了个体职业素养的高低,进而决定了个体外在的职业行为能力。

第五章

高职学生职业核心素养培养现状的调查分析

高职学生职业核心素养模型的构建,为高职院校人才培养目标明确了基本的定位,同时为高职学生职业核心素养培养确定了基本的方向。当然,高职学生职业核心素养模型是一种相对理想的样态。对照这一框架,对现有高职学生职业核心素养及其培养状况进行调查,发现存在的不足,分析问题的原因,有助于增强高职学生职业核心素养培养的针对性和实效性。

第一节 高职学生职业核心素养培养的现状分析

一、高职学生职业核心素养情况调查

围绕"高职学生职业核心素养状况",分别面向江苏省高职院校的部分教师和学生进行调查。调查问卷均在试测的基础上修改完善后编制完成,调查对象均为随机抽样产生,最终收集到高职学生有效问卷2 174份,高职教师有效问卷427份。在此需要说明的是,在对高职学生的调查中,考虑到大一学生入学不足半年,职业认知程度还不高,高职学生分析样本以大二、大三学生为主。

(一) 高职学生职业核心素养的自我评价

调查结果显示:高职学生普遍认为职业核心素养的四个层面都很重要,平均认同率接近88%,重视程度依次为:信息与技术素养、学习与创新素养、生活与生涯素养、职业品格与修养。当然,具体到每个层面的素养要素,还是存在着一定的差别。

1. 职业品格与修养

高职学生对职业品格与修养的认同率为82.61%,具体到每种素养要素,如图5-1所示。高职学生自我评价满意度最高的是生命与健康意识,占比90.29%;其次为国家认同,占比89.79%。说明高职学生具有良好的情感认同和价值观取向。满意度较低的是劳动意识和法律与规则意识,这也恰恰反映出了目前高职学生劳动教育和法制教育的不足。

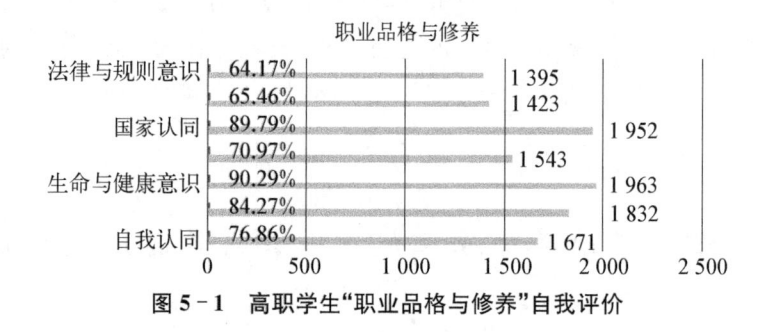

职业品格与修养

素养要素	占比	人数
法律与规则意识	64.17%	1 395
	65.46%	1 423
国家认同	89.79%	1 952
	70.97%	1 543
生命与健康意识	90.29%	1 963
	84.27%	1 832
自我认同	76.86%	1 671

图5-1 高职学生"职业品格与修养"自我评价

2. 生活与生涯素养

高职学生对生活与生涯素养的认同率为83.85%,具体到每种素养要素,如图5-2所示。高职学生自我评价满意度最高的两种素养是社会参与与贡献、社会实践经验,分别占比77.05%和73.87%,说明高职学生在参与社会活动、增强社会体验方面的意识有所增强,但仍有超过20%的高职学生认为缺乏这方面的素养。满意度较低的是岗位迁移能力和领导力与责任感,占比均不到60%。另外值得注意的是,仅有60.95%的学生对生涯发展与规划素养持满意的态度,这也说明了当前高职院校对学生职业规划指导教育存在一定的问题。

生活与生涯素养

素养	百分比	数值
社会实践经验	73.87%	1 606
多元文化理解	67.89%	1 476
社会参与与贡献	77.05%	1 675
岗位迁移能力	55.15%	1 199
职业适应能力	68.86%	1 497
领导力与责任感	58.28%	1 267
生涯发展与规划	60.95%	1 325

图 5-2　高职学生"生活与生涯素养"自我评价

3. 学习与创新素养

高职学生对学习与创新素养的认同率为 88.45%，具体到每种素养要素，如图 5-3 所示。高职学生自我评价满意度最高的是沟通交流能力，占比 82.75%，这符合 00 后高职学生开放性的性格特质。令人欣喜的是，随着高职院校对创新创业教育的重视，高职学生的创造创新能力有了一定的增强，占比 77%。值得注意的是，批判质疑精神和主动探索与研究两种素养占比偏低，分别是 44.48% 和 53.96%。这在一定程度上反映出高职院校以学生为中心的教学模式改革做得还不够，高职学生在教育过程中存在不同程度的"隐匿"状况。

学习与创新素养

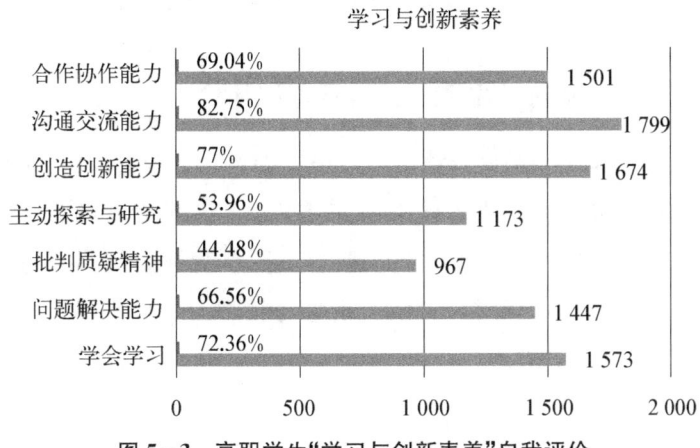

素养	百分比	数值
合作协作能力	69.04%	1 501
沟通交流能力	82.75%	1 799
创造创新能力	77%	1 674
主动探索与研究	53.96%	1 173
批判质疑精神	44.48%	967
问题解决能力	66.56%	1 447
学会学习	72.36%	1 573

图 5-3　高职学生"学习与创新素养"自我评价

4. 信息与技术素养

高职学生对信息与技术素养的认同率为96.73%,具体到每种素养要素,如图5-4所示。高职学生自我评价满意度最高的是信息意识,占比87.49%,这反映出随信息社会一同成长起来的00后高职学生,对信息技术变革的适应性。另外,82.06%的高职学生认为自己的任务执行能力较强,这也符合00后高职学生敢想敢做的特点。当然,值得注意的是,高职学生的技术应用能力、数据分析能力和信息能力都不是很满意,反映出高职教育教学中知识传授与实践应用之间的矛盾依然存在,知识和技能的实践应用转化不够。

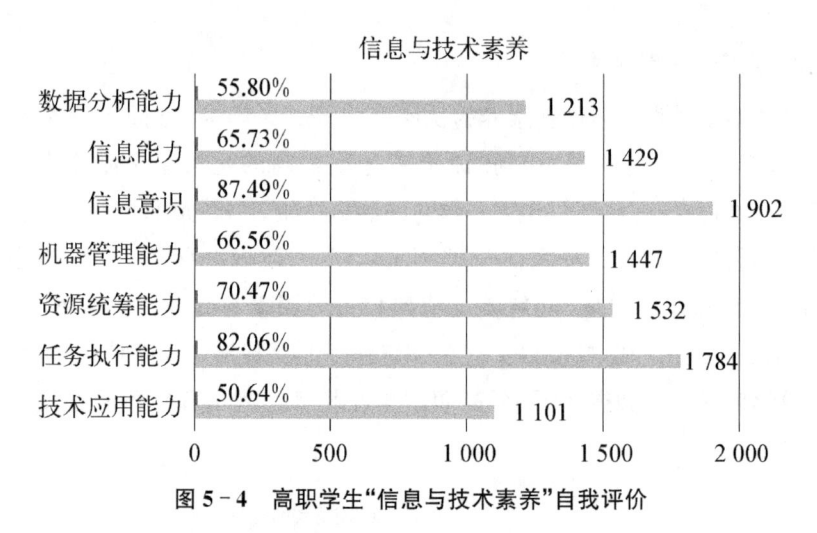

信息与技术素养

要素	占比	人数
数据分析能力	55.80%	1 213
信息能力	65.73%	1 429
信息意识	87.49%	1 902
机器管理能力	66.56%	1 447
资源统筹能力	70.47%	1 532
任务执行能力	82.06%	1 784
技术应用能力	50.64%	1 101

图5-4 高职学生"信息与技术素养"自我评价

(二)高职教师对学生职业核心素养的评价

高职教师调查问卷题目的确定与学生问卷总体上保持一致,主要了解教师对于高职学生职业核心素养四个层面及其二十八项要素的总体评价。调查结果显示,高职教师认为学生最欠缺的职业素养是学习与创新素养,其次为生活与生涯素养、职业品格与修养、信息与技术素养。具体到每种要素的反馈结果如图5-5所示。

素养要素	占比
自我认同	70.49%
性格品质	41.92%
生命与健康意识	20.37%
质量意识	55.04%
国家认同	57.61%
劳动意识	73.77%
法律与规则意识	72.13%
生涯发展与规划	47.31%
领导力与责任感	58.78%
职业适应能力	49.41%
岗位迁移能力	70.49%
社会参与与贡献	54.57%
多元文化理解	51.05%
社会实践经验	58.31%
学会学习	81.26%
问题解决能力	67.45%
批判质疑精神	47.54%
主动探索与研究	60.66%
创造创新能力	29.74%
沟通交流能力	17.56%
合作协作能力	61.12%
技术应用能力	69.32%
任务执行能力	33.72%
资源统筹能力	24.59%
机器管理能力	65.11%
信息意识	8.20%
信息能力	27.87%
数据分析能力	54.10%

图 5-5 高职学生职业核心素养缺失程度的教师评价

在高职教师看来，高职学生具有较好的信息意识、沟通交流能力和生命与健康意识，分别占比 91.8%、82.44% 和 79.63%。高职学生欠缺的职业素养主要集中在学会学习、劳动意识、法律与规则意识、自我认同、岗位迁移能力、技术应用能力、问题解决能力、机器管理能力等方面。其中，81.26% 的教师认为高职学生需要"学会学习"。

总之，通过对高职教师和学生两个群体的调查，高职学生职业核心素养的总体情况良好，说明高职院校具有较好的培养成效。同时，具体到每一个层面的素养要素，教师和学生的评价也具有比较明显的共性指向。比如，高职教师评价和学生自我评价中都突显的几种相对薄弱的素养包括岗位迁移能力、技术应用能力、问题解决能力、劳动意识、法律与规则意识等。这些也应当是高职学生职业核心素养培养中应当重点关注的基本点。当然，调查中教师和学生对于学会学习、自我认同、国家认同等素养的不同看法，也在一定程度上反映出教师和学生在思维方式和问题立场等方面存在的差异。

二、高职学生职业核心素养培养情况调查

对于高职学生职业核心素养的培养，同样面向教师和学生进行调查，调查方式以问卷调查为主，并以针对性的个别访谈为辅助。

（一）基于高职学生职业核心素养培养的学生调查

对于高职学生的问卷调查以选择题为主，并根据问题情境区分为单选题和多选题。调查结果表明：在高职学生看来，高职院校对四个层面素养的培养都很重视，赞同率占比均值超过85%，并通过理论教学、实践教学、顶岗实习和各种活动得以体现，如图5-6所示。但是，值得注意的是，在回答"您认为学校职业核心素养教育与实际需求是否贴近"时，选"只有很少部分有用"的占比29.53%，"比较贴近"的占比55.01%，"很贴近"的仅占13.16%。与之相类似的，"对学校职业核心素养培养做法的满意度"，选择"非常满意"的仅占11.36%，"比较满意"的占比72.49%，"不满意"的占比12.37%，"非常不满意"的占比3.77%。对于不满意的原因，高职学生给出的原因主要包括：实习实训和顶岗实习的平台和效果需要强化，专业和素养类课程的设置需要优化，校内外实践活动的针对性需要增强，教师职业生涯规划和指导的连续性需要加强等。此外，在调查的过程中，也更加清楚地了解到高职学生对职业核心素养培养的一些真实想法。比如，对于"您认为在校期间哪些活动更有利于提升职业核心素养"这一问题的回答，问卷结果反馈比较集中的选项由高到低排序分别为：企业实践锻炼、学校实习实训、学好专业课程、职业素养课程、参与校园活动和社团活动、参加社会实践活动。

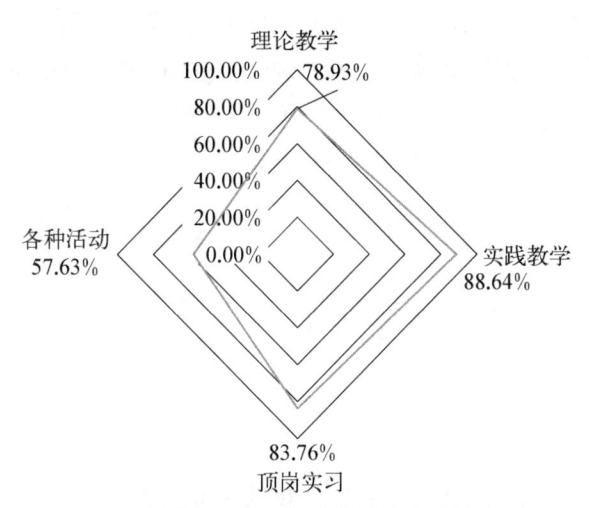

理论教学 78.93%
各种活动 57.63%
实践教学 88.64%
顶岗实习 83.76%

图 5-6 对学校职业核心素养培养方式的认同度

（二）基于高职学生职业核心素养培养的教师调查

为进一步佐证高职学生问卷调查中反映出的问题，研究还面向高职教师进行了问卷调查和个别访谈。问卷调查以选择题和征求意见题为主，辅之以对焦点问题的个别访谈。根据调查结果显示：高职教师认同高职院校对学生四个层面素养的培养，回答占比均值超过 91%，高出学生调查反馈结果约 3 个百分点，其中由高到低依次为职业品格与修养、信息与技术素养、学习与创新素养、生活与生涯素养。同时，教师普遍认为，学校职业核心素养教育与实际要求比较贴近，占比 80.80%，对学校职业核心素养培养的认同度和满意度较高，满意率达到 83.61%，这两个比例明显比学生调查结果高出很多；对于学校哪些活动有利于提升学生职业核心素养，比较集中的回答分别是学好专业课程、学校实习实训、企业实践锻炼、职业素养课程、参与校园活动和社团活动、参加技能竞赛、考取技能证书，与学生的回答相差不大，只是在参加技能竞赛和考取技能证书两个方面的比例略高，分别占比 62.70% 和 61.12%。

另外，在调查中设置了两个征求意见的开放性题目，高职教师的调查结果反馈如下：对于"学校在职业核心素养培养中存在的主要问题"，教师给出的意见主要集中在五个方面：政行企校合作育人开展不够到位、校内外实习实训不够扎实、培养目标不够明确、质量监控不够到位、学生的自我发展意识不强；对于"学校应当采取哪些有效措施帮助学生提升职业核心素养"，教师给出的建议集中在：加强校企合作和顶岗实习、开设职业素养类通识课程、加强专兼职教师队伍建设、加强对学生职业核心素养培养的质量监控、利用信息化技术开展教学改革、选用职业特色的教材和教辅资料、增强校内外实践活动的针对性、给予二级院系以更大的人才培养自主权。

第二节 高职学生职业核心素养培养存在的问题

通过师生问卷调查和访谈反馈的信息，高职学生职业核心素养的培养总体上是具有成效的，但也在一定程度上反映出涉及面广、目标大、针对性不强的问题，具体表现在以下三个方面。

一、重观念轻设计，素养培养存在目标割裂的问题

当前，职业核心素养的培养得到了越来越多高职院校的认可，在办学理念、人才培养理念等观念层面都提到了职业核心素养。但是值得注意的是，在传统教育理念和模式的影响下，高职院校的人才培养实际反映出的却是理念与实操之间的错位，没有构建起切实可行的高职学生职业核心素养培养体系，培养的靶向性较差。比如，调查中，高职学生对于学校职业核心素养教育与职业发展需求的认同度和满意率都不是很高，也在一定程度上反映出高职院校在强化专业知识和技能训练的同时，淡化了职业核心素养的系统化培养，由此产生的后果就是各项素养的培养参差不齐，人才培养观念层面和设计层面之间的矛盾，高职学生职业核心素养培养还存在一些待解的问题。

（一）人才培养目标的"笼统化"设计

职业核心素养的提出，并非要排斥知识和能力，而是对知识和能力的整合。其中情感、态度、价值观等非智力因素的培养同样需要知识和能力，离不开知识的传承和经验的积累。如果在人才培养中只是把学生当作"活的图书馆"储存知识，当作"移动的机器"操练技能，不仅不能全面培养学生的职业核

心素养,反而会窄化了高职院校的人才培养目标定位。① 因此,高职学生职业核心素养的培养是一个系统工程,必须纳入人才培养目标,并做出清晰的目标界定。然而,部分高职院校对于职业核心素养培养目标定位的理解停留在浅显化的程度,虽然人才培养目标涵盖了知识目标、能力目标和素质目标,但是没有将学生职业核心素养有效融入人才培养目标,对知识、能力和素质等都缺乏操作性的具体指标,往往出现"听起来很重要,做起来很无力"的情况,这种情况直接影响的就是课程设置重复、雷同等现象,课程设置和调整随意性较大。因此出现了调查中师生反映的问题,学生自我评价中最高的信息意识达到87.49%,而批判质疑精神仅占44.48%。教师评价中占比最高的信息意识和最低的学会学习,两者相差73个百分点。

(二) 职业核心素养的"选择性"培养

高职学生职业核心素养培养目标的笼统化设计带来的另一个问题是"选择性"培养的问题,具体表现在两个方面:一方面,部分高职院校产教融合做得不实,办学目标与产业需求存在"错位",人才培养目标与岗位实际需求"脱节"。在人才培养实践中表现为盲目扩大规模、盲目设置专业、盲目培养人才,这样培养出的学生很难适应产业发展和生产变革的实际需求,造成就业市场的"结构性"矛盾,出现毕业生就业难与用人单位招工难并存的现象。另一方面,部分高职院校过分地将人才培养与岗位就业相挂钩,人才培养目标过多地考虑用人单位对技术应用能力的要求,忽视了学生职业可持续发展的创造创新能力、沟通交流能力、合作协作能力等素养要求。这样,这些高职院校往往走上的是一条"重技能、轻素养"的人才培养之路,学生的技能水平满足了当时岗位就业的需要。然而信息社会职业岗位需求本身就是一个动态变化的过程,高职学生其他素养的缺失,导致其在未来的职业发展中举步维艰。调查中发现,自我认同、劳动意识、法律与规则意识等职业品格的缺失,以及学会学习、批判质疑精神、主动探索与研究等学习创新素养的不足,严重制约了高职学生在新职业关系背景下的职业应对和职业可持续发展。比如,近年来部分高职毕业生"毕业即失业"的问题也许就是最好的证明。

---

① 张志军,郭莹.高职学生职业核心素养培育路径探究[J].中国职业技术教育,2017(4):52-56,65.

二、重传授轻应用，素养培养存在理实脱节的问题

通过调查发现，高职学生职业核心素养的薄弱点，主要集中在技术应用能力、岗位迁移能力、问题解决能力、机器管理能力等实践应用性素养方面。同时，针对高职学生职业核心素养培养中存在的问题，高职教师和学生都明确提到了校企合作紧密性不够、校内外实习实训实践培养环节作用不够的情况。对此，根据师生调查反馈的信息，结合高职院校人才培养实际，高职学生职业核心素养培养中的理实脱节问题主要表现在两个方面。

（一）企业缺乏参与素养培养的意识和行动

高职教育具有典型的跨界属性，无论是人才培养、科学研究、社会服务还是文化传承与创新等，都需要政行企校等利益相关者的集体行动。在高职学生职业核心素养培养的过程中，质量意识、生涯发展与规划、信息能力、数据分析能力等相对显性的素养，可以通过课堂教学和课外实践而获得。而技术应用能力、岗位迁移能力和创造创新能力等相对隐性的素养，更多地需要行业企业的岗位磨炼和启发，有一个技术技能积累和积聚的过程。

基于高职学生职业核心素养培养的系统思考，应当是多主体的结合和多要素的互动，特别是校企双方的人才共育、过程共管、责任共担、成果共享。① 而在实践培养的过程中，由于组织性质、主体利益等诸多因素的影响，大部分企业缺乏参与素养培养的意识和行动。虽然每所高职院校都建立了成百上千的合作企业，但紧密型合作企业不多，企业参与高职学生职业核心素养培养的积极性不高，责任不明确。即使在企业接受高职学生顶岗实习的过程中，由于实习实训与企业安全生产之间的矛盾，企业的生产质量和进度根本不会因学生的实习实训而停止或改变，因而学生的企业实践往往体现的是师傅讲解、师傅现场演示，学生旁听、学生观摩，学生在顶岗实习实训中缺少现场技术操练的机会。这虽然也有助于熟悉企业职业文化，提升质量意识、职业适应能力等素养，但是对于技术应用能力、机器管理能力、任务执行能力等实践应用性素养的培养价值不大。

---

① 王清强.高职院校校企深度合作长效机制的构建与实践——基于企业主动性的视角[J].职教论坛，2014(18)：32-35.

(二) 高职院校素养培养中的理实脱节问题

1. 课程设置和教科书编排缺少企业参与

由于缺乏行业企业的参与，高职院校容易在相对封闭的圈子里自说自话，由此产生的后果就是，课程的设置和调整缺乏明确的指向，无法适应产业发展和生产过程快速变化的需要。专业教科书的编排由于缺乏与企业的对接，知识和能力等素养要求更新滞后，以致教学内容不能结合最新的生产实践过程，学生学到的都是一些滞后的知识。其中的一个典型表现是：调查中了解到，当前很多高职院校的专业教材都是本校教师自主编写，并且经历了多次再版，教学内容却没有多少更新，这种现象必须引起高职院校足够的重视。因此在调查中，对于如何更好地提升高职学生职业核心素养培养效果，高职教师和学生同时提到了优化课程设置和教科书选用的问题，也在某种程度上反映出这一问题在高职院校的普遍性存在。

2. 教学过程服务于职业发展的意识淡薄

虽然目前大多数高职院校的人才培养体现出鲜明的技能本位，但是一个不容忽视的问题是，部分高职院校对各种能力的培养仍然倾向于传授为主。与以往的课堂书本传授不同，把技能传授的场所搬到了实验实训室，而受制于实习实训条件的限制，又缺乏传授之后的技术操作和应用，这实际上是"灌输式"教育的翻版，对学生的引导不足，仍然没有解决与生产实践应用相脱节的问题。这一问题比较明显地体现在理论教学和实践教学环节。一方面，在理论教学环节，部分高职院校的专业教学仍然存在照本宣科的现象，强调的是知识的传授和获得，忽视了知识的加工和基于问题的知识思考。[1] 这样，一些又深又窄又难的专业知识占用了大部分课时，学生"为了学习而学习"，被动地知识获取耗费了大量的时间和精力。相反，学生运用知识分析问题、解决问题的意识和能力没有得到相应的训练和提升，导致了批判思维和创新能力等的不足，学生自我培养的意识比较淡薄。调查中师生普遍反映的学会学习、批判质疑精神、主动探索与研究等素养的缺失，与此有一定的关系。另一

---

[1] 梁小伊,赵振增,许纯蕖.高校创新型人才培养的制约因素及对策[J].教育理论与实践,2013(27):12-14.

方面,在实践教学环节,高职院校普遍重视实践教学,但限于实习实训环境、设施设备条件等因素的影响,高职院校实践教学效果参差不齐。而随着高职院校持续的扩招,学生数量在不断扩张,学校规模的扩大也在一定程度上加剧了实习实训的压力。由此产生的后果就是,部分高职院校实践教学能力的削弱,甚至有些是流于形式。高职学生虽然按照规定完成了既定的实训任务,获得了实践学分,但是实训群体的大规模化,减少了每个个体参与实践操作应用的机会和频次,学生在实践中应用技术、发现问题、解决问题的素养没有得到充分锻炼,实习实训的效果不够理想。这一问题同样出现在高职学生的顶岗实习中,非专业对口实习现象普遍存在,不利于高职学生职业核心素养的培养。

3. 高职院校缺乏专业化的实践教师队伍

部分高职院校在高学历、高职称的教师队伍建设导向下,过分追求高学历人才的引进和高知识群体的培养,一定程度上忽视了高级技师、工程师等技能教师队伍的打造。这样,高职院校的专业教师大多是"从学校到学校",本身就缺乏行业企业工作经验,缺少与生产实践结合的直观体验。由这些教师指导的实习实训,效果必然会大打折扣。因此,面向高职院校教师的企业顶岗实习、企业技术挂职等已成为一种必需。

三、重教育轻融入,素养培养存在协同不足的问题

(一) 各个组织机构之间没有形成合力

高职学生二十八项素养涉及知识、能力、情感、态度、价值观等方面,高职学生职业核心素养培养是一个系统工程,除了需要外部的政府、企业等利益相关者的支持,高职院校内部的院系、职能部门之间的协作和配合至关重要。比如,针对在校期间职业核心素养提升的活动调查,学生给出的回答包括企业实践锻炼、学校实习实训、学好专业课程、职业素养课程、校园活动、社团活动、社会实践活动。教师给出的建议包括校企合作、顶岗实习、职业素养类通识课程、双师型的教师队伍、质量监控、教学改革、教材选用、校内外实践活动等。这些几乎涉及高职院校人才培养的全方面和全过程,与专业院系、行政

部分、教辅部门、甚至后勤部门等组织机构都有着密切的关系。

然而现实情况是,部分高职院校对于学生职业核心素养培养,并未建立起科学的组织架构,各个部门之间的行政惯性依然存在,缺乏有效的沟通和交流,协作和配合浮于表面。这种"重教育性培养轻融入性培养"的现象,不仅不能起到"1+1>2"的效果,反而在一定程度上消解和弱化了培养的效果。比如,在同一所学校中,教学系统和学工系统一般分属于不同的条线。对于高职学生职业核心素养,教学系统有一套培养体系,学工系统有一套培养体系,并且两套体系都有着特定的体系架构和平台支持。虽然两套体系存在着一定的关联,但是由于分属于不同的条线,培养的目标和指向略有不同,其解释框架存在着一定的差异。这样,在高职学生职业核心素养培养过程中,容易产生局部冲突的情况,同时也给培养主体的实践操作带来一定的困惑。调查中高职学生职业核心素养参差不齐的发展状况,与高职院校组织机构之间的协同培养不足有着一定的关系。

(二) 缺乏行之有效的质量监控和评价

在调查过程中,大部分教师提到了质量监控的问题。高职学生职业核心素养培养是一个连续的过程,其过程监控和评价能够及时关注到学生素养水平的发展和变化,是保障和提升培养成效的重要举措。根据访谈了解反馈的信息,当前高职学生职业核心素养评价,存在着评价标准不够科学、评价内容不够全面、评价方式不够合理等问题,甚至在部分高职院校流于形式,弱化了职业核心素养培养的过程监控环节,使得高职学生职业核心素养培养缺乏连续性,进而影响到了培养的质量。

1. 评价标准不够科学

高职教育是以职业为导向的,高职学生的素养评价应该对接行业企业的实际需求,参照行业企业的标准进行评价。当前高职院校的技术素养评价是职业技能证书,基本能够得到企业的认可。但对于职业品格、创新素养等的评价,高职院校并没有从国家职业资格框架出发,往往是根据自身需要自定评价标准,甚至有些高职院校没有制定独立的评价标准,仍然局限于传统的课程学习评价,评价的指向性不够明确。

2. 评价内容不够全面

高职学生职业核心素养是多种素养要素的综合,大致可以分为显性素养和隐性素养。显性素养大多是在学习过程中即刻获得的,可以通过学习成果的形式体现出来,质量监控和评价比较简单。目前高职院校采用的评价方式有纸笔测试、实践操作考核、职业资格认证、职业适应性测试等。隐性素养主要是持续学习后累积形成的,需要借助具体的场域或情境,质量监控和评价相对困难。对于隐性素养,部分高职院校虽然融入了学生素质积分系统、教学质量诊改系统等,但也由于缺乏行业企业的参与,针对性和实效性不足。

3. 评价方式不够合理

当前高职院校的素养评价偏重于终结性评价,以定量的书面评价为主要表现形式。这种评价方式可操作性强,但缺点是很难反映出具体的职业情境,一定程度上忽视了非智力性素养的评价,无法关注到学生个体素养需求差异,以及职业核心素养水平的变化,对高职学生职业核心素养培养的过程监控和指导帮助不大。

第三节 高职学生职业核心素养培养的问题诊断

针对高职学生职业核心素养培养中存在的问题,探究其存在的深层次原因,既有高职院校办学理念、组织管理等自身的原因,也有与之相关的客观因素的局限,总体可概括为理念的束缚、制度的羁绊和条件的约束三个方面。

一、理念的束缚:校企合作中冷热不均的"壁炉现象"

高职教育的类型和特点决定了高职人才培养具有跨界的特征,高职学生职业核心素养培养的过程中,从目标设计,到培养过程,再到培养评价,都离不开政行企校等多元利益主体。特别是在产教融合的大背景下,校企双主体之间的关系越来越密切,是高职学生职业核心素养有效培养的重要途径。前述问题分析中谈到的企业参与不足的问题,与当前校企合作的现实问题有关。虽然高职院校努力寻求与企业合作的机会,大部分企业仍然表现出消极、被动的态度,因而出现了"一头热、一头冷、冷热不均"的"壁炉现象",严重影响了高职学生职业核心素养培养的质量。①

（一）合作内容的"碎片化"不利于素养的系统培养

从目前高职院校校企合作的总体情况来看，高职院校尚未完全将校企合作纳入人才培养模式的范畴，"名不符实"的校企合作普遍存在。高职院校"单相思"的合作意愿很难去有效界定和分担职责，更谈不上在人才培养中的协作和互补。因此，在"浅层次"的校企合作模式下，合作内容表现出无序的状态，仍然在"摸着石头过河"，碎片化的合作多于系统化的合作。比如，有些高职院校仅仅将校企合作作为课堂教学的有益补充，在合作内容上只是围绕某些课程或项目开展合作，没有从根本上触及校企合作之于人才培养的目标、标准、规格等深层次的问题。具体到高职学生职业核心素养培养实践中，由于缺乏系统的合作框架和基础，通过顶岗实习去培养高职学生哪些方面的职业核心素养，培养的标准和效果如何，对于这些问题的指向性都不是很清晰和明确。再比如，顶岗实习是目前企业参与高职学生职业核心素养培养的主要渠道。高职学生事先通过课堂学习，掌握了必备的专业知识，但由于缺乏顶岗应用操作的经历和能力，无法在短时间内做到真正的"顶岗"，大多数学生只是被安排去进行了另外一种"实习"。此外，有些企业出于经济利益或知识技术产权的考虑，也不会把企业工作过程中的核心技术传授给实习学生。这样，高职学生在顶岗实习中只能全程观摩，缺乏岗位实践操练的平台和机会，自然也就无法达到职业核心素养培养的目的。

（二）合作形式的"表面化"不利于素养的深度培养

从目前高职院校校企合作的形式来看，总体上存在"形式重于内容"的现象，表面化的合作形式难掩深度合作的不足。一般而言，当前校企合作的基本思路是，企业为学校提供实践平台、实训设备和实习指导，学校为企业输送技术技能人才。在这一过程中，企业的主要任务就是为学生提供实践平台，让学生了解、掌握和应用实践知识和技能。而学生在企业中的顶岗实习，由于缺乏明确的目标指向和监控机制，很多学生只是出于获得学分、满足毕业的要求，表现出懈怠、迷茫、敷衍等情绪，没有深入岗位培养职业核心素养的意愿和决心。对于高职院校而言，校企合作是高职院校的必要任务，在相关

---

① 李素素.职业教育校企合作"壁炉现象"的成因与补偿机制构建[J].教育与职业,2018(8):5-11.

政策和制度的指导下,建立了校企合作理事会、校企专业建设委员会等机构和组织,打造了一批校企合作实习实训基地,但是在作用发挥方面却是有好有坏,不能排除有些仍然浮于表面。比如,有些高职院校建立的校内外实训基地,不过是挂在墙上的"门面工程",仅仅是为了迎合各种形式的考核和检查,根本谈不上人才培养的效用。其中,一种现象很能说明问题,由于深层次的校企合作无法实现,高职院校被迫花费大量的资金预算建设校内实训基地,这可能也是一种无奈之举。

总之,校企合作内容的"碎片化"与合作形式的"表面化",是校企合作深度不够的表现,同时也进一步消解了校企合作的系统性、稳定性和可持续性,不利于高职学生职业核心素养有效率的培养。

二、制度的羁绊:组织管理中各行其是的"梗阻现象"

学校是一种有组织、有目的、有计划的社会组织,是一群人为达成学校教育目标,实行人力分工和职能分化,使用不同层次的权力和职责,以发挥学校人力和财力资源的社会实体。学校组织的结构与功能主要体现在学校教育目标、科层体制、沟通与适应等方面。[①] 高职学生职业核心素养培养的过程中,各个组织机构协同不足的问题,在某种程度上暴露出高职院校在组织管理中的一些薄弱环节,集中表现为组织管理中的"梗阻现象"。

(一)高职院校组织管理的失衡与错位

学校组织源于功能分工产生,其有效性依赖于学校各个部门结构功能的协调和目标的实现。[②] 随着高职院校办学规模的扩大和功能的扩展,为有效实现学校目标,学校组织的科层化、体制化是必要的。但是在具体运行过程中产生的失衡与错位,对高职人才培养产生了明显的羁绊,进而影响到了高职学生职业核心素养的培养成效。

1. 政府与市场在高职教育管理中的边界厘定

我国高职院校产生和发展的时间还不长,办学经验和实践积淀还不多,

[①] 张新平,褚宏启.教育管理学通论[M].北京:高等教育出版社,2012.09:353-354.
[②] 程振锋.互联网时代下高职院校组织管理新范式研究[J].职教论坛,2016(7):58-61.

在隶属关系上大多属于政府教育主管部门和行业主管部门归口管理。随着教育行政改革的持续推进,高职院校已经具备了很大的办学自主权。但是,有些高职院校在发展的过程中,仍然受到资源和评价等方面的影响,没有处理好学校行政管理之于政府和市场的关系,存在着一定的"学校围着政府转"的现象,反而弱化了人才培养的职业特性和市场需求。对于高职院校到底要培养什么样的人、如何去培养人,缺乏科学系统的战略思考。因此,部分高职院校人才培养定位和模式出现了趋同化的趋势,没有职业特征,没有行业特色,有的只是好词好句的简单罗列和堆积,从一些高职院校高度抽象化的"校训""校风"等表述语就可以看出,这样的人才培养理念只能成为悬置的装饰,缺少针对性的培养目标和标准,很难在人才培养实践中具体落实。于是,高职院校忙碌的组织管理与人才培养成效并不是完全呈正相关性的。

2. 高职院校内部职能部门间权力边界的界定

德国社会学家马克斯·韦伯认为,任何组织都必须借助有效的组织管理结构来达成自身的目标。目前,高职院校大多采用的是校院两级管理体制,具有明显的科层制特征。学校为决策层,包括教学院系、党政部门、群团组织、直属单位和附属单位等在内的内设部门属于执行层,每个部门根据自身的性质和功能具有一定的管理权限。这种"倒金字塔"组织管理模式存在着两种权力边界:学校与部门的权力边界,部门之间的权力边界。一方面,在高职院校具体的组织管理中,学校的集权与部门的放权一直是教育行政改革的焦点问题,学校大多数事物都由"行政部门"管理,一定程度上挤压了院系的管理空间,弱化了院系专业人才培养中的积极性和主动性。另一方面,各个职能部门对学校负责,但又归属于不同的条线。这样,职能部门之间,特别是教学院系与行政职能部门之间有着各自的管理要求和权限,彼此之间缺少沟通和交流的平台,在面对共同问题时又缺少润滑的中介和载体,因而会表现出各说各话、各自为战的状态,这种组织管理模式天然存在的鸿沟,又使得权力边界过于明显,不利于在人才培养中的集体行动,也很难形成高职学生职业核心素养培养的组织合力。

(二)高职院校学科、专业及课程存在壁垒

高职学生职业核心素养的培养最终依附于具体的学科专业,依赖于具体的课程设置。然而,因高职院校组织管理边界而产生的学科、专业和课程壁

垒，制约了高职学生职业核心素养的培养。

（1）就学科专业来说，高职学生职业核心素养的落地培养，需要转化为具体学科专业的教学素养。① 当然，高职学生职业核心素养并不是存在于单一学科中的，这里面就有一个学科专业整合性的问题，即需要注重不同学科专业之间的联系和共享，突显出不同学科专业在职业核心素养培养中的整体价值。② 然而，现实中各个学科专业各划山头、各自为政的情况比比皆是。其表现体现在两个方面：一方面，基于高职院校的高等性特质，不同学科、专业方向之间存在着天然的区分，很容易形成以学科专业为基础的"技术壁垒"，滋生出"门户之见""同行相轻"等狭隘的教育观念，进而使不同学科乃至同一学科不同专业方向之间的合作出现困难；另一方面，高职院校教学院系的设置通常是以学科专业为基础，院系之间彼此界限分明、缺少沟通，使学科资源的共享和跨学科的合作面临诸多的障碍。

（2）就课程设置来说，在高职学生职业核心素养培养中，注重不同学科专业之间的联系，让学生打破学科专业的壁垒，实现不同层面素养的融会贯通很有必要。当然，在高职院校的教学管理实践中，学科专业是学校课程设置的主体，由于学科专业壁垒的存在，部分高职院校在课程设置中难以实现交叉和融合，总体呈现出"集成化"的状态，各门课程之间、课程的各个组成部分之间的衔接不够紧密。再加上一些高职院校存在的重复设课、因人设课等现象的存在，进一步拉大了课程之间的区隔边界，不利于高职学生职业核心素养的系统培养。另外值得一提的是，受到教育选拔、岗位评价等环境机制的影响，高职院校还存在着课程理念与职业评价冲突的情况。虽然有些课程注意到了职业核心素养培养，却难以在最终的升学或就业中脱颖而出，于是就容易出现课程标准理念落空，课程教学过程走样，久而久之成为职业评价的"附庸"。

三、条件的制约：资源配置中强弱分明的"失衡现象"

在大众化教育的背景下，高职院校的数量和规模在持续增加的同时，经

---

① 乔丽军.核心素养提出的重要价值、基本前提与培养的当前使命[J].河北师范大学学报（教育科学版），2016(9)114-118.

② 常珊珊，李家清.课程改革深化背景下的核心素养体系构建[J].课程·教材·教法，2015(9)：29-35.

费支持和资源配置却没有得到与之匹配的改善。目前,大部分高职院校尚处于初创阶段,相对有限的经费主要用于了基础设施建设、教学基本建设及教职工的工资发放,除此之外没有充足的经费支持实习实训条件、教师队伍发展等方面的建设。这种教育资源配置不均衡的现象,对高职院校可持续发展和人才培养质量提升造成一定的影响。

(一)高职教育经费投入不足的影响

一直以来,经费投入是困扰高职教育改革和发展的重要影响因素之一。对高职教育与普通教育进行比较,高职教育技能人才培养需要更多的实习实训场所和设施设备作为保障,教育成本大于普通教育。然而,目前我国高等教育经费补贴总体上实行的是"高层次高补贴"的办法,在很长一段时间内,被误认为"低层次"的高职教育,获得的经费支持却相对较少。2014年,财政部和教育部共同出台的《关于建立完善以改革和绩效为导向的生均拨款制度,加快发展现代高等职业教育的意见》提出,逐渐增加高职院校生均财政拨款数额,不低于本科院校生均拨款1.2万元的水平。在具体的贯彻落实中,截至2015年,全国31个省份的高职院校已全部建立生均拨款制度。目前最大的问题是不充分不平衡的问题。《2018中国高等职业教育质量年度报告》显示,60%的公办高职院校生均拨款已经达到12 000元,特别是珠三角、长三角等经济发达地区的一些高水平或国家级骨干高职院校,有些专业的生均拨款甚至已经超过12 000元。而与此形成鲜明对比的是,全国仍有40%的高职院校的生均拨款未达到12 000元的基本标准,有些地方政府或行业企业举办的高职院校,还远远未达到这一标准,甚至有些民办高职院校的生均拨款水平还不足6 000元。因此,限于资金的制约,一些高职院校的实习场所、实训设施、实验器材严重不足,有些甚至还达不到教育主管部门规定的合格标准,学生实习实训受到很大的限制,直接影响了高职学生职业核心素养的培养。

(二)高职教师队伍建设薄弱的影响

高水平的教师队伍是保证高职教育教学改革、提升人才培养质量的关键因素。对于现有的高职院校教师队伍,主要由两个部分组成:一部分是高职院校合并升格过程中,由原单位转入的教师,这部分教师来自原来的中专或中职院校,年龄结构相对偏大,有着丰富的教学经验,但没有经历过高等教育的系统理论学习,知识结构和实践经验都相对滞后;另一部分来自高职院校升格成功后,为适应各种考核评估引进的高层次人才,这部分教师大多为高学历,从一所学校毕业后直接进入另一所学校教学,是在学术型或工程型人才培养模式下培养出来的,有着丰富的知识储备,但是没有职业技术经历,也没有生产岗位一线的实践操作经验,自身对生产过程、操作规程等缺乏实践理解,对于学生的实习实训指导必然大打折扣,势必也会影响到高职学生职业核心素养的培养。

另外,在调查和访谈中了解到,高职教师队伍建设还存在着一些隐蔽性的问题。比如,关于高职教师资源分配的问题,一些高职院校教师队伍庞杂,在教师编制确定的情况下,非教学的行政后勤人才占比较大,岗位臃肿和人浮于事的情况不在少数。而专任教师和实习实训教师占比不够,专任教师和实习实训教师疲于应付大量的理论和实践教学任务,没有时间去完成自我能力提升和企业实践锻炼,再加上一些学校"唯学历、唯论文、唯职称"等教师评价机制的存在,教师参与人才培养的积极性并未被完全调动起来。再比如,关于高职优秀教师频繁流动的问题,囿于工作环境、发展空间、工资待遇等的差异,高职院校优秀教师无序流动的情况比较严重。其具体表现在向经济发展条件好的地区流动,向工资待遇高的地方流动,向发展空间大的事业单位、本科院校或企业流动等。[①] 因此,高职教师普遍缺乏人才培养的内驱力和外动力,对于高职学生职业核心素养培养,是一个比较大的限制性因素。

本章小结

对照高职学生职业核心素养结构及其要素,面向江苏省部分高职院校的教师和学生,对现有高职学生职业核心素养及其培养状况进行调查,调查结果反馈的信息显示:在现有高职学生职业核心素养方面,教师和学生的评价具有比较明显的共性指向,高职学生比较薄弱的职业核心素养包括了岗位迁移能力、技术应用能力、问题解决能力、劳动意识、法律与规则意识等。在高

---

① 杨晓莉,陈颢.高职教育资源配置问题及优化策略[J].教育与职业,2020(3):42-46.

职学生职业核心素养的培养方面，总体上是具有成效的，但也在一定程度上反映出面广、目标大、针对性不强的问题，具体表现在三个方面：一是重观念轻设计的目标割裂问题，在素养培养中体现为人才培养观念层面和设计层面之间的矛盾，人才培养目标的"笼统化"设计和职业核心素养的"选择性"培养，由此产生的后果是各项素养的培养参差不齐；二是重传授轻应用的理实脱节问题，在素养培养中体现为企业缺乏参与素养培养的意识和行动，高职院校实际的理论教学和实践教学与生产过程脱节，岗位实践应用类素养培养遭遇困难；三是重教育轻融入的协同不足问题，在素养培养中体现为高职院校各个组织机构之间缺乏有效的沟通和交流，协作和配合浮于表面，没有形成合力。同时，职业核心素养培养过程监控环节的缺失，使得素养培养缺乏连续性，进而影响到了培养的质量。

针对高职学生职业核心素养培养中存在的问题，探究其存在的深层次原因，总体概括为理念的束缚、制度的羁绊和条件的约束三个方面。其中，理念的束缚表现为校企合作中"冷热不均"的"壁炉现象"，校企合作内容的"碎片化"与合作形式的"表面化"，消解了校企合作的系统性、稳定性和可持续性，不利于高职学生职业核心素养有效率的培养；制度的羁绊表现为组织管理中各行其是的"梗阻现象"，高职院校组织管理的失衡与错位，以及高职院校学科、专业及课程存在壁垒，使得权力边界过于明显，不利于在人才培养中的集体行动，也很难形成高职学生职业核心素养培养的组织合力；条件的制约表现为资源配置中强弱分明的"失衡现象"，在高职院校经费投入总体不足的情况下，高职院校相对不足的资源利用效率，影响到了实习实训条件、教师队伍建设等，对高职学生职业核心素养培养造成不利的影响。同时，高职教师资源分配的问题和频繁流动的问题，使得高职教师普遍缺乏人才培养的内驱力和外动力，对于高职学生职业核心素养培养，也是一个比较大的限制性因素。

第六章

高职学生职业核心素养培养体系优化及保障

针对高职学生职业核心素养培养中存在的问题及其成因,既有产教融合、校企合作等方面的外部问题,也有院校制度、条件、资源等方面的内部问题。为此,高职学生职业核心素养的有效培养是一个复杂的系统工程。综合考虑现有高职学生职业核心素养培养体系及其特征,高职学生职业核心素养的有效培养,首先就是要进一步明确培养主体的职责和功能,加强整合和互动,健全和完善高职学生职业核心素养培养的支持体系。以此为基础,系统推动高职学生职业核心素养培养的体系优化和机制革新,前者明确了路径和方法,后者则提供了条件和保障。

第一节 指向高职学生职业核心素养培养的主体协同

在高职学生职业核心素养培养的过程中,高职教育有着独特的逻辑起点,是学校、企业"双主体",具有两个以上的学习地点,跨越了职业与教育、学校与企业的界限。因此,无论是从高职教育的定位还是功能来看,是一个多元利益主体共同治理的组织机构。一方面,高职院校的区域共生性和职业指向性决定了其本身是人力资本的聚集地,尤其是公办高职院校实行的是党委领导下的院(校)长负责制,没有严格意义上的股东,不存在"一方独大"的利益格局。另一方面,在没有完全形成利益主体制衡的情况下,如果将注意力集中到某一个利益主体身上也显然是不可取的,因为单一权力的放大会造成其他利益主体的利益失衡,也有悖于高职院校的社会功能和跨界属性,不利于高职教育的可持续发展。因此可以认为,以校企合作、产教融合为标签的高职院校,其高职学生职业核心素养培养,是一个包括多元主体集体合作的公共事务。[1]

一、多主体结合:明确职业核心素养培养的主体责任

高职院校利益主体的组织结构比较复杂,不仅包括了与院校关系紧密的政府、管理人员、教师、学生、家长、校友等利益主体,而且包括了与企业密切联系的管理人员、员工、行业及企业协会等利益主体。当然,在高职学生职业核心素养培养的过程中,由于不同利益主体的地位和作用不同,利益主体的利益关系也会存在主次轻重之别。为更好地进行研究,借鉴 Mitchell 关于利益相关者的分类依据,结合高职教育的特点,将高职学生职业核心素养培养中的利益主体大致划分为确定型、预期型和潜在型,如表 6-1 所示。如果按照其利益特点来界定,分别对应的是核心利益主体、重要利益主体、边缘利益主体。它们与高职学生职业核心素养培养的关系,会呈现出明显的递进关系,在行动路向上由低到高依次表现为松散型关系、合作型关系和共同体关系。当然,不同时期、不同类型高职院校的利益主体可能也会有所差别,但是可以确定的是,利益相关程度较高的确定型和预期型利益主体对高职学生职业核心素养培养会起到更为重要的作用,因而也是研究关注和分析的重点。

表 6-1 高职学生职业核心素养培养的利益主体划分

类 型	利益特点	关系结构	利益主体
确定型	核心利益主体	共同体关系	高职院校、教师、学生
预期型	重要利益主体	合作型关系	政府、企业、行业协会……
潜在型	边缘利益主体	松散型关系	社会组织、媒体、中介……

---

[1] 黄浩岚.高职教育利益相关者理论研究的若干问题[J].教育与职业,2013(21):5-8.

（一）高职院校的责任与功能

1. 高职院校的职责

对于高职院校而言，人才培养是其存在的合法性基础，同时也是其根本任务。在高职学生职业核心素养培养中，高职院校迫切需要解放思想，开放办学，以满足区域经济社会发展需求为导向，通过加强与政府、行业企业等利益主体的主动联系，利用和整合社会资源办学，拓展高职院校的生存和发展空间，不断提升高职院校人才培养质量。比如，牢固树立校企合作、产教融合的办学理念，在条件允许的情况下，积极推进混合所有制办学模式改革，支持和鼓励私人资本甚至外资资本进入职业教育领域，不仅可以弥补高职院校办学经费紧张的现实困难，而且有助于更加紧密地开展校企协同育人，及时动态设置和调整专业，优化课程体系和人才培养方案，在高职学生职业核心素养培养中少走弯路。

2. 高职教师和学生的职责

高职院校中的教师和学生也是职业核心素养培养确定的利益主体，同时也是核心的利益主体。其中，教师是高职学生职业核心素养培养的直接推进者，通过"教"这一形式直接向学生传授相关知识和技能，一定程度上决定着高职学生职业核心素养能否有效培养以及培养的水平和质量。在这一过程中，教师的职业操守和价值理念会在很大程度上影响到学生职业品格与修养的形成。值得注意的是，信息社会知识经济和信息技术的发展，教会学生如何科学地理解每天面对的繁杂信息，正确评估信息内容的真实性、可靠性和准确性，并且将信息知识内容与自身已经具备的知识、技能联系起来，生成新的知识、能力、价值观，是对高职学生职业核心素养培养的新要求。对于高职学生本身而言，他们是职业核心素养的直接"承载者"。经历过高考洗礼后进入高职院校继续学习，作为"准职业人"，要想在未来职业发展中学到必备品格和关键能力，获得谋生的技能和手段，就必须及时从纯粹地接受文化知识的习惯中抽离出来，对照职业核心素养标准，不断增强自主学习的意识和能力，学会认知、学会做事、学会共处、学会生存、学会改变，努力培养自身未来职业发展需要的职业核心素养。因此，面对当前学习环境的变化，高职学生的学习态度、学习能力等是影响其职业核心素养培养的最关键因素。正如联合国教科文组织在《反思教育:向"全球共同利益"的理念转变?》中倡导的那样,学会如何学习从来没有像今天这么重要。①

(二) 行业企业的责任与功能

随着我国职业教育的发展和制度的变迁,高职人才培养先后出现过政府、院校、企业等为育人主体的校企合作育人模式。目前,高职院校与企业"双主体"校企合作育人模式被认为是行之有效的一种模式,在这一模式下,一些企业不仅为学生提供专门的实习场所和实践基地,而且依托行业特色优势实实在在地参与到学校办学过程中,融入人才培养的全过程,能够增强职业核心素养培养的针对性和实效性。比如,职业品格中的质量意识、安全意识,职业规划中的领导力与责任感、职业适应能力、社会实践经验,创新素养中的问题解决能力、创造创新能力,技术素养中的技术应用能力、任务执行能力、资源统筹能力等,都需要在企业实践中积累和培塑。此外,产业和行业转型发展是高职教育专业调整、人才培养方案制定的先导和依据,深入的产教融合、校企合作是高职学生职业核心素养培养的关键所在。在高职院校条件和资源受限的情况下,基于校企双方共同的利益需求,以职业核心素养培养为纽带,形成紧密稳固的合作关系,从"松散型"到"紧密型"再到"共同体",构建起优势协作、利益共享、共谋共赢的"共同体"合作模式,是有效化解高职学生职业核心素养培养中"壁炉现象"的必要举措。②

(三) 其他利益主体的责任与功能

1. 政府教育主管部门的职责

政府作为权力部门以其独特的资源优势和职能优势,在人才培养中能够发挥一定的统筹协调作用。对于高职学生职业核心素养培养,政府的宏观统筹作用不容忽视。其一,作为"调控者",政府教育主管部门是制定和影响教育政策的主要力量,通过制定和完善职业教育法律法规,进一步明确政行企校等利益相关者在职业教育人才培养中的权利和义务;其二,作为"出资者",政府和

---

① 联合国教科文组织.反思教育:向"全球共同利益"的理念转变[M].联合国教科文组织总部中文科,译.北京:教育科学出版社,2017.06:33.

② 张弛.基于企业视角的高技能人才职业能力培养研究[D].天津大学,2014(6):115.

教育主管部门是高职院校经费的重要来源,对高职院校在人才培养中人力、物力、财力方面的支持,是确保高职学生职业核心素养培养中技术技能实习实训的重要保障;其三,作为"监督者",高职学生职业核心素养及其培养状况如何,需要借助教育主管部门的教育评估、质量评价等方式进行诊断和改进。

2. 潜在利益主体的影响

有些潜在的利益主体,对于高职学生职业核心素养培养也会产生一定的影响。社会本身就是最好的学校,是职业核心素养培养最广阔的学习和实践场所。在高职院校开放办学的过程中,一些社会组织和群体作为利益主体,其人才培养的社会功能在不断被放大。[①] 比如,逐渐走向正规化和专业化的教育中介组织,作为"第三方"监督、评价的作用越来越大;高职学生的家庭背景和成长环境,以及家长的教育理念也在某种意义上会影响到高职学生职业核心素养的培养。此外,随着信息社会知识经济和信息技术的发展,信息和媒介作为潜在利益主体的作用变得空前重要。比如,在通信技术和移动互联网的作用下,电子学习、移动学习和其他数字技术提供了大量的学习机会,学习空间、学习时间、学习关系的变化大大拓展了学生的学习场域,非正规和非正式的线上学习与正规的线下教育互为补充,共同在高职学生职业核心素养培养中发挥作用。

总之,高职学生职业核心素养的有效培养,需要各利益主体特别是高职院校、企业、政府教育主管部门等确定型和预期型利益主体的责任分担,功能互补,共同构建起高职学生职业核心素养培养的支持体系,如图6-1所示,这也将是一个共建共享共育共赢的系统工程。

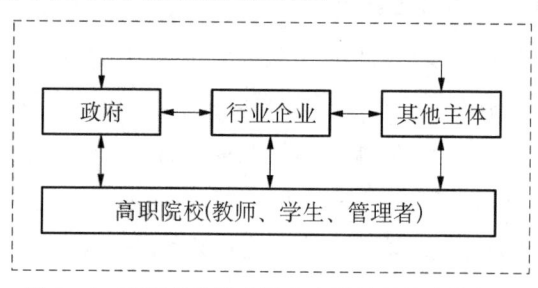

图6-1 高职学生职业核心素养培养的支持体系

[①] 张兄武.基于利益相关者理论的本科应用型人才培养"责任共担"机制探究[J].高等工程教育研究,2013(1):127-133.

二、多要素互动：加强职业核心素养培养的资源整合

高职教育具有典型的职业指向性，高职学生职业核心素养的内涵和特征，决定了其培养过程中对教学资源、实践资源等差异化的实践需求，应当遵循教育资源的交互规律。① 也就是说，高职院校只有将有关资源物化为职业核心素养培养的教育教学载体、创新创业载体、情景模拟载体、实习实训载体等，才能更好地培养出企业发展需要的技术技能人才。当前，信息社会知识经济和信息技术的发展，对人才培养的资源效能提出了新的要求。无论是职业品格与修养、生活与生涯素养、学习与创新素养、信息与技术素养，都大大扩展了原有职业素养的边界。高职院校必须一着不让地贯彻落实高职教育创新发展行动计划，开拓新思路、挖掘新资源。② 事实上，由于行业产业的发展是动态的，新资源的整合和挖掘也将是永无止境的。因此，对于大部分高职院校而言，在当前条件和资源有限的前提下，进一步明晰资源载体的优势所在和利益主体的利益诉求，盘活现有的教育资源存量，提高资源利用的边际效用，能够更好地产生交互作用，并最终实现协同价值的最大化，最大限度地提高高职学生职业核心素养培养质量。

按照高职学生职业核心素养培养中资源交互的逻辑思考，高职院校的产教融合和校企合作的实践要求，应当体现出高职教育职业性、社会性、生产性等属性，呈现出理论学习与实践工作、人才培养方式与企业用人标准、专业课程设置与行业素养需求等多要素的互动，实现人才共育、过程共管、责任共担、成果共享。③ 而纵观我国这些年的产教融合、校企合作，理念层面上虽已形成共识，但操作层面上难言乐观。究其原因，利益上的不对等和资源利用的低效性是存在的主要问题。因此，在高职学生职业核心素养培养中，基于不同利益驱动和资源共享的互惠互利、多元协同，是各方合作的前提和基

---

① 桑雷,郑毅."中国制造2025"下职业教育人才培养的智能指向及实现[J].2017(19):8-13.
② 胡斌武.中国制造2025与现代职业教育发展路径探索[J].山西大学学报(哲学社会科学版),2016(5):91-96.
③ 王清强.高职院校校企深度合作长效机制的构建与实践——基于企业主动性的视角[J].职教论坛,2014(18):32-35.

础,其目的也就在于激发和调动各利益主体的积极性和主动性。其中,高职院校应当主动作为,在国家经济产业政策的指导下,依托特定的产业和行业,在充分沟通与协调的基础上,通过共建实训基地、共建研发中心,共同开发专业标准和课程体系等,形成相对稳定的战略伙伴关系。① 比如,高职院校依托校企共建的校企理事会、专业建设委员会等组织,推动产学研用深度融合,将职业核心素养与企业用人标准相结合,有针对性地培养符合产业和行业发展需要的高素质技术技能人才。对于政府来说,高职院校的这种人才培养模式符合地方政府经济社会发展的战略规划,政府及其职能部门可进一步利用,并相应地出台一些优惠政策,政校共谋发展。对于企业来说,人才职业素养培养质量的提升能为企业带来更大的利益,符合企业未来经营发展的需要,同时也能够吸引企业更大程度地参与和资源的共建共享。对于高职院校来说,针对性的职业素养培养既为企业间接产生了经济和社会效益,又服务了地方经济社会发展,也必然会得到政府、行业、企业等其他利益主体的支持和帮助。这样,多主体的结合与多要素的互动,最终会形成政行企校集体参与、资源共享、素养共培的利益格局,以及政策引导、产业搭台、校企合唱的利益驱动机制,从而在多元协同培养的基础上实现各方的利益共赢。

第二节 指向高职学生职业核心素养培养的体系优化

从高职人才培养体系的结构特点出发,基于过程与结果相统一的逻辑理路,提出高职学生职业核心素养培养体系优化的路径和方法,这是一个包括目标体系、内容体系、服务体系、评价体系为一体的系统化设计。

---

① 卢海涛.高职校企深度合作的模式选择与机制创新[J].教育与职业,2016(21):50-53.

一、培养目标"嵌"素养,优化目标体系

(一) 培养目标与职业核心素养的对应关系

培养目标是各级各类教育人才培养的总体要求,是教育类型与层次质的规定性反映,也是育人活动的行动指南,具体包括培养类型、层次、规格和职业岗位等方面的有效信息。① 对于高职院校而言,其类型和层次是明确的。高职教育的类型是高等教育的一个特殊类型,层次是高等教育的重要组成部分,是职业教育发展的高等阶段。培养规格是培养目标的具体化,是一种操作性目标,对培养对象需要具备的各种素养明确具体要求。此外,作为一种就业导向的教育,除了对培养的类型、层次和规格进行说明以外,还需要对人才培养的服务对象和职业岗位进行说明,即培养的人才主要面向哪些行业或企业单位,有哪些具体的职业岗位。据此,结合高职教育人才培养的特点,尝试建立培养目标与职业核心素养之间的对应关系,如图6-2所示。图中,高职学生是连接工作世界和教育世界的中间变量,既是工作世界的实践者,又是教育世界的学习者。② 为此,一方面,从工作任务中明确职业发展需要的职业核心素养结构和标准。另一方面,组织和开展针对性的教育教学活动。两个方面的工作都指向于高职人才培养目标和高职学生职业核心素养培养质量的提升。

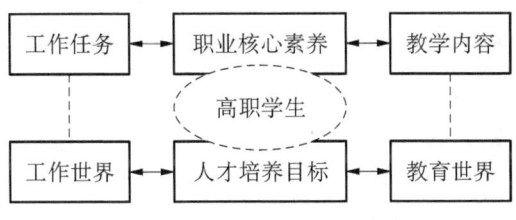

图6-2 培养目标与职业核心素养的对应关系

---

① 查吉德.职业教育人才培养目标的理论与实证研究[M].广州:暨南大学出版社,2015:43.
② 花鸥,曾庆琪.成果导向教育理念下职业核心素养培育的实践逻辑及其课程建构[J].职教论坛,2019(6):50-55.

（二）职业核心素养嵌入培养目标的设计思路

职业分析法是目前普遍认可的职业教育目标分析方法,要求学生在接受教育后,明确各种素养应该达到的标准和水平。职业教育的培养目标和规格与职业岗位密切相关,由于不同学科专业面向的服务对象和职业岗位不同,高职学生的培养目标和规格也是有所区别的。比如,对于机械、电子等工科专业,注重动手操作能力,对信息与技术素养的要求更高；对于市场营销、电子商务等文科专业,受市场环境变化影响较大,对学习与创新素养的要求更高。为此,结合不同学科专业人才需求和特点,高职学生职业核心素养嵌入培养目标的思路设计如下：职业岗位与资格标准分析→工作任务与职业素养分析→专业核心课程设置分析→职业素养考核评价分析。

首先,对职业岗位(群)进行科学分析,这一阶段需要广泛深入的调研和征求意见,对高职学生未来面向的职业岗位及其岗位任职资格进行全方位地研判、预测和分析。其次,结合学科专业总的培养目标和职业岗位的工作任务,对人才培养规格进行调整和优化,明确职业岗位核心素养要素的不同结构和发展程度,形成可操作性的专业培养目标。再次,基于职业核心素养培养目标,构建针对性的课程体系,其中包括了理论课程和实践课程,并进一步明确核心课程、相关课程、融合课程等。最后,结合课程学习和其他教学活动,开展职业核心素养培养考核评价,动态掌握不同素养的发展程度,做好针对性的干预和调整。

在此需要说明的是,考虑到高职学生职业核心素养的系统性,单纯的课程培养是难以实现的,有必要将职业核心素养有效纳入高职院校总的育人体系。比如实践育人、文化育人、网络育人、心理育人等,不断增强高职学生自我培养的意识和能力,在校园活动和实践中自我建构和创新知识、能力、价值观等,成为职业核心素养培养的积极参与者。

二、课程教学"练"素养,优化内容体系

职业核心素养在本质上是一个具有价值性的教育概念,属于宏观教育目标体系的范畴,在教育教学实践中无法被直接具体操作。而课程教学是学校教育工作的重要载体,同时也是达成人才培养目标的主要工具。高职学生职

业核心素养的培养需要依托课程教学,做好各种素养在课程中的针对性转化,及其向课程体系的渗透融入,逐步建立起符合高职学生职业核心素养培养要求的课程体系。

(一) 基于职业核心素养的课程开发

内容体系是目标体系的具体化。培养目标确定以后,如何将工作世界中的工作任务转化为岗位劳动者应该掌握的知识和能力,以及依附于之上的职业核心素养,是课程开发的前提与基础。当然,如果不能对工作任务进行清晰的描述,应当达到什么样的程度、水平和目标,就无法清楚地界定知识和能力的边界。[①] 因此,选择合适的课程设计开发理念非常重要。

成果导向教育理念(OBE)最早产生于美国,以 Spady 提出的成果导向教育金字塔(The OBE Pyramid)为代表,迅速传播到欧洲、亚洲国家和地区,成为教育改革的重要指南。其最大的特点是成果属于"标准导向",学生发展有明确的定义标准,管理者的控制来自课程目标和学习结果。这种更加务实的教育理念,更好地满足了信息社会职业和岗位频繁变化对学生素养日益提高的要求,为课程转化提供了一条有效途径:围绕职业核心素养培养目标,将素养的要素和结构明确定义标准,以成果导向为原则,进行相关课程的教学转化,做到培养目标与课程需求的一致,满足工作世界与教育世界的双重要求。[②] 具体地说,面向职业岗位的成果导向课程开发,是以素养的要素和结构为出发点的反向设计,实质上是课程体系在支持素养结构,其中每门课程的教学内容都应当与素养的结构相对应。比如,基础课程的设置主要取决于职业认知与理解,强调的是知识的渗透;专业课程的设置取决于岗位标准和任务,强调的是知识和能力的习得。

(二) 基于职业核心素养的课程体系

从现有的课程体系来看,高职院校的课程体系大多都是能力本位的。能力本位的课程体系强调的是专业知识的针对性和实用性,基本特征是:课程

---

① 徐国庆.职业教育国家专业教学标准开发[M].上海:华东师范大学出版社,2017(12):42,67.
② 花鸥,曾庆琪.成果导向教育理念下职业核心素养培育的实践逻辑及其课程建构[J].职教论坛,2019(6):50-55.

目标指向于工作任务或工作过程的完成;教学内容植根于真实岗位的实际工作;体系结构遵从于工作流程的设计和运行;评价标准着眼于工作任务的完成情况。随着信息社会技术、生产、人的关系的重新定义,能力本位向素养本位转变。由于素养的内涵和外延与能力相比更为宽泛,因而在课程体系中也应该体现出的是对能力培养的升级和扩展。① 对照素养本位的课程体系,能力本位课程体系在很大程度上已经明确了素养培养的理念框架,具有了职业核心素养中某些知识、能力等要素培养的现实可能。因此,素养本位的课程体系是对现有能力本位课程体系的优化升级,如图6-3所示。

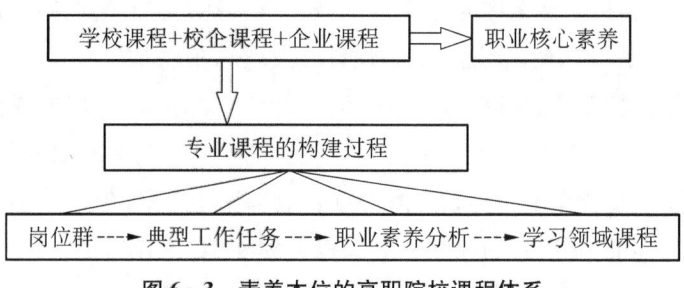

图6-3 素养本位的高职院校课程体系

对于学校课程而言,主要是基础课程和专业课程。根据问卷调查结果,当前高职学生比较薄弱的几种职业素养包括了批判质疑精神、劳动意识、法律与规则意识等,大多需要通过通识课程深化培养。而对"您认为在校期间哪些活动有利于提升职业核心素养"问题,82.15%的学生希望学校开设相关的职业素养类通识课程。为此,着眼于高职学生职业核心素养的培养,在高职院校的课程设置中,融入"课程思政"理念的"思政课程+专业课程+通识课程"的课程体系的优化和完善,是必要的也是必需的。通过加强思政课教育,培养学生的家国情怀、职业品格、道德修养等;通过加强专业课程改革,结合校内外实习实训,培养学生的职业适应能力、技术应用能力、任务执行能力、数据分析能力等;通过加强传统文化、人工智能、信息技术、区块链等通识课程,培养学生的质量意识、问题解决能力、创造创新能力、信息能力、机器管理能力等。

对于校企课程和企业课程而言,主要是与行业、企业关系密切的专业课程。此外,有些学生在顶岗实习实训时,也会涉及系统的学习,这时也需要企

---

① 乔为.核心素养的本质与培育:基于职业教育的视角[J].职业技术教育,2018(13):20-27.

业进行与学校专业课程有关的针对性培训,甚至是课程的有机融合,而这也是目前产教融合深入推进的主要难题之一。

(三)基于职业核心素养的课程教学

按照人才培养目标和课程设置的要求,高职学生职业核心素养培养的主要渠道是学校的教学过程。一般而言,这一过程又包括了理论教学和实践教学两个环节,彼此是相互支持相互补充的。

1. 理论教学管理

理论教学即按照既定的课程体系安排,主要依托课堂进行教学的方式,突出强调的是知识的学习和情感、态度等的滋养,是各种能力形成的基础。在理论教学中,教学内容的选择、教学模式的拓展和教学方法的运用,都会对职业核心素养的培养产生重要影响。

(1) 教学内容的选择与取舍。传统教学观念中教学内容的选择主要基于知识的考量,注重知识的完整性和系统性,选择的标准最初来自人类社会积累的经验中最基础、最精华的部分,并据此分门别类地组合构成各门学科,旨在为学生分阶段的学习奠定知识基础,但却在一定程度上牺牲了学生发展的全面性诉求,于是出现了很多"知识傀儡"和"单向度"发展的学生。从高职学生职业核心素养培养的视角重新审视教学内容的选择,需要突破原有的认识论局限,改变传统的教学观念,从学科知识中心走向核心素养中心,突出教学内容的综合性、生成性、动态性和时代性。结合高职学生职业核心素养结构,四个层面二十八项要素的高职学生职业核心素养,既包括了生活与生涯知识,学习与创新、信息与技术能力,还包括了职业品格与修养等价值观,这本身就对教学内容的选择提出了新要求,不仅应该考虑到学科专业领域的理论性知识、行业甚至社会实践性知识,而且还要注重通识性、复合性跨领域知识的融合。

(2) 教学模式的拓展与延伸。日本学者佐藤学认为:"教师活动的核心不是讲授,而是倾听。"[1]接受和倾听作为教学过程中两种基本的心理活动,在任何的教学活动中都不应该是对立的,而是交融并且缺一不可的。[2] 无论是"奥

---

[1] [日]佐藤学.教师的挑战:宁静的课堂革命[M].钟启泉,陈静静,译.上海:华东师范大学出版社,2012:5.

[2] 张建桥.培养学生核心素养亟待教学转型[J].2017(2):6—12.

苏伯尔式"的接受学习,还是"布鲁纳式"的发现学习,都需要两者之间建立必要的关联。传统教学理念中存在的接受"一家独大"的现象,在某种程度上背离了教学活动的实质,在实践中异化为"灌输式"教育。信息社会知识经济和信息技术的发展,进一步拓宽了教学空间,拉近了"教"与"学"之间的距离。为适应学生职业核心素养培养的新要求,必须改变传统教学模式中将"接受"置于绝对地位的错误判断,重构基于学科专业核心素养的教学模式,倡导自主、合作、探究式学习,强调培养学生学会学习、批判质疑、主动探索、合作协作以及批判地发现、使用信息技术和数据分析的能力等职业素养。对于高职院校而言,高职学生职业核心素养中的职业品格与修养、生活与生涯素养、学习与创新素养、信息与技术素养,在相对封闭的教室教学环境中都很难去培养,特别需要社会环境的浸润、行业企业职业情境的模拟,甚至真实的操作体验。当前高职院校教学过程中应用的体验式、探究式、情景式、翻转式教学模式具有一定的可行性。

(3)教学方法与手段的创新。随着"互联网+教育"的出现并迅速普及,互联网的发展本身就对学生职业素养提出了新的要求,不仅要具有信息意识,而且还要有获取信息能力、批判处理信息能力、数据分析能力等。此外,技术进步和生产变革,不仅要求劳动者具有更高水平的学习能力、创新能力、技术能力等,而且要求劳动者能够运用互联网提升沟通交流能力、多元文化理解能力、创造创新能力、任务执行能力、资源统筹能力等,能够适应不断变化的职业角色与职责,从而进行更加有效的工作。对于教学而言,适应"互联网+"职业核心素养培养的新要求,要充分认识到慕课(MOOC)、在线开放课、云课堂等模式的发展,对教学手段带来的重大变革,这些从书本教学拓展到双线混合教学、以教师为中心转向学生为中心、从课堂学习转向多种形式综合的方式,更加迎合了当代学生个性化学习的需求。[1] 同时也在另一个侧面培养了学生在线学习、泛在学习和混合学习的能力,让学生更好地学会学习,并运用信息技术分析和解决问题,进而培养其他各方面的职业素养,正在引发新一轮的"课堂革命"。

---

[1] 胡钦太,林晓凡,郭锂.面向高等教育创新人才核心素养培养的慕课应用模式研究[J].电化教育研究,2018(6):61-66.

2. 实践教学管理

《关于职业院校专业人才培养方案制订与实施工作的指导意见》提出，职业教育要强化实践环节，加强实践性教学，实践性教学的学时原则上不少于总学时数的50%。高职院校的实践教学是高职学生职业核心素养培养的主要渠道。其中，校内的实习实训和校外的顶岗实习是不可或缺的两个方面，当然两者都需要建立在充足的实训条件和深度的校企合作基础之上。

（1）校内的实习实训。校内实习实训是高职学生技能培养的最重要的渠道之一。依托学校的实习实训场所和平台，学生在实习实训中模拟真实的企业工作情景，按照既定的工作任务和流程开展工作。教师不仅能够及时关注不同学生的任务完成情况，还能够对学生的实际操作过程进行全方位的监控，提供精准的指导。这样，实习实训超越了课堂教学的局限，把课堂学习到的知识与真实的工作世界联系起来，起到了巩固知识、提升能力的目的。此外，在完成实习实训任务的过程中，还能够进一步培养高职学生的劳动意识、质量意识、沟通交流能力、合作协作能力、问题解决能力等多方面的素养。针对实习实训成果缺乏考核评价的问题，可以通过撰写实训日记、填写实训手册等方式，由实习实训教师做出评定，并作为课程学习的一部分。

（2）校外的顶岗实习。如果说校内实习实训是在虚拟的工作场景中进行的实践训练，企业的顶岗实习则是面向真实工作情景的实际岗位训练。高职院校的人才培养大多采用的是"2.5+0.5"或"2+1"的培养模式，顶岗实习会安排在第五或第六个学期进行。通过真实环境的顶岗实习，学生以"学徒"的形式直接参与岗位工作，可以得到"师傅"的直接指导。通过真实的岗位工作体验，感受职业核心素养之于工作的重要性，增强职业核心素养的认知和认同。同时，学生还能够及时了解和把握自己已经具有的素养、尚未形成的素养、需要加强的素养等，提高职业核心素养培养的个体自觉。当然，高职院校需要配合实习企业，通过定期走访、校企连线等方式，加强对校外顶岗实习学生的管理，及时了解和掌握实习动态，建立全程监测纠偏机制，保证高职学生职业核心素养的高质量培养。

总之，在高职院校实践教学的过程中，不同类型的职业岗位需求不同，专业实习实训的要求也会有所差异。比如，机械、电子等工科专业，职业岗位实际工作与实践教学吻合度较高，校内实习实训的效果较好；财会、文秘等文科专业职业岗位实际工作与实践教学吻合度一般,需要校内外两种资源的有效配置和配套使用;电子商务、市场营销等专业,受市场环境等外界影响较大,职业岗位实际工作与实践教学吻合度较低,企业顶岗实习的作用更大。[①] 当然,无论何种专业的实习实训,都需要丰富先进的实验实训条件作为支撑,特别是在高职院校经费资源总体不是很充足的情况下,实训条件、设施设备等的更新替代对每一所高职院校都是巨大的负担。综合比较之下,比较行之有效的还是得依靠深度的校企合作,靠实际或虚拟化的资源整合来解决这些难题。

三、实践活动"攒"素养,优化服务体系

基于实践活动的服务体系是目标体系的基本保障,也是内容体系的有益补充。高职学生职业核心素养包括四个层面二十八项要素,不仅涵盖了知识、能力等显性的素养,而且涉及情感、态度、价值观等隐性素养。这些隐性素养更多地可归为非智力因素,这些素养具有更复杂、更抽象的特点,很难在短时间内通过教学过程培养完成,更多地需要校园文化的浸润、实践活动的滋养、创新创业的启发等,在此统一称之为"整合式"实践活动培养模式。

(一) 校园文化的浸润

从某种意义上说,高职学生职业核心素养培养需要一种氛围,营造浓厚的具有职业特色的校园文化在职业核心素养培养中意义重大。所谓高职院校的校园文化,指的是高职院校在教育发展和实践中培育的,反映学校职业特质和师生职业需要的人文环境和行为规范的总和,一般包括了物质文化、制度文化、行为文化、网络文化等多个方面。高职校园文化与普通院校的校园文化相比,具有更强的职业化色彩。而企业文化中职业文化理念的融入,能够更好地优化高职人才培养,确保高职学生职业核心素养培养的质量。比如,企业文化中"信誉""效益"等价值文化,"质量""竞争"等经营文化,"责任""创新"等发展文化,"合群""协作"等行为文化,对于高职学生职业核心素养中情感、态度、价值观等因素的培养起到至关重要的作用。

---

① 林小星.基于工学结合的高职实践教学管理体系构建[J].职业技术教育,2011(8):23-26.

（二）实践活动的滋养

高职院校可以充分发挥文化育人的功能，为学生搭建良好的实践活动载体和平台，引导学生自主培养和提升职业核心素养。比如，借助专业文化节、科技文化节、道德讲坛、学术论坛等，弘扬主流文化，传播职业文化，让学生在多元知识和文化的交汇中增强家国情怀、职业认知和自我认同，培养职业观念和精神，提升职业品格与修养；发挥学生社团、学生会、团委会等的作用，开展丰富多彩的学生活动，让学生在活动中增强领导力与责任感、沟通交流能力、统筹协调能力、合作协作能力等；重视社会实践的作用，有目的有计划地支持和鼓励学生参加技能竞赛、技能考证，合理安排学生参与"三支一扶""志愿服务""岗位体验""社会调查"等实践活动，让学生增强对社会和职业认知的同时，增强劳动意识、法律与规律意识、社会参与与贡献意识，积累社会实践经验，这些同样有助于对学生习得知识和能力的深化认识和理解。

（三）创新创业的启发

"大众创业，万众创新"的时代背景下，生涯发展与规划、创造创新意识和能力的养成对高职学生的职业发展起着不可低估的作用。在调查中发现，目前大部分高职院校的生涯规划教育与创新创业教育是整合在一起的。其中，创新创业教育实践中的四种方式比较有效：一是拓展创新能力培养渠道，比如开放实验室、师生共建科研创新团队、组建学生创业社团等；二是实施创新创业训练计划，比如，通过立项大学生创新创业训练项目，并给予一定的经费资助，鼓励大学生参与创新计划研究；三是开展创新创业理论教育，比如，按照上级教育主管部门的要求，高职院校根据专业和年级的不同，定期开设职业生涯规划课程、创新创业课程和创业教育讲座；四是鼓励学生参与创业实践，比如，国家和地方教育主管部门定期评选创新创业示范校，每年举办"互联网＋"创新创业大赛等各种创业比赛，搭建起了良好的平台。据调查了解，目前几乎所有的高职院校都建立了大学生创业实践基地，甚至有些学校建设了专门的创业学院和创业孵化基地。由此可见，随着各个学校对创业教育和实践的重视，大大提升了高职学生的创造创新能力。同时，在高职学生参与创新创业实践的过程中，劳动意识、质量意识、沟通交流能力、合作协作能力、问题解决能力等其他方面的职业素养都得到相应的培养和提升。

四、质量监控"验"素养,优化评价体系

在高职学生职业核心素养培养的过程中,涉及的素养要素多元复杂,意味着质量监控和评价会起到更加重要的作用。通过质量监控和评价,一方面,可以让教师及时准确把握学生职业核心素养培养状况,为教育教学提供明确的方向和指导;另一方面,可以让学生客观准确地审视自己已经拥有的核心素养、欠缺的核心素养、需要努力获得的核心素养等,为学生继续学习和职业发展提供明确的目标指南。

(一)明确评价主体

高职学生职业核心素养结构涉及知识、能力、情感、态度、价值观等多个维度,其丰富的内涵意味着高职院校这一单一主体的评价是不够客观和全面的。比如,生活与生涯素养中的职业适应能力、岗位迁移能力,学习与创新素养中的问题解决能力、创造创新能力,信息与技术素养中的任务执行能力、机器管理能力等,都不是教师在课堂教学中能够直接教出来的,而是要在具体的真实情境中实践养成。因此,基于高职学生职业核心素养培养的高职院校教学质量评价,需要在评价主体上进行创新,除了高职院校,教育主管部门、行业协会、企业、社会组织、家长等利益主体都可以作为评价的实际参与者。通过多元评价主体的协同努力,能够从不同方面对学生进行全方位的评价,这样产生的评价结果也更加具有客观性和全面性。

(二)转变评价理念

指向于高职学生职业核心素养的培养,高职院校的教学质量评价应该关注学生素养过程性的、实时的发展状况。当前高职院校现有的教育评价,比如麦可思的学业评价,侧重于指标的甄选,以终结性评价为主,更加看重的是高职学生学科专业知识、技能的掌握程度。而高职学生职业核心素养四个层面二十八项要素,涉及知识、能力、情感、态度、价值观等多个维度,而且很多素养要素是靠单纯的量化数据难以客观准确评价的,因而基于此的评价无疑更为复杂,在评价的方法和手段上必须相应地进行改革创新。其中,不仅要关涉到人才培养目标、课程体系、指标体系的深度整合,而且要设计便于操作

的方法和技术，同时还可能需要形成科学的预警和反馈机制。这种评价模式更接近于是一种形成性评价，要求高职院校以高职学生职业核心素养框架为参照，采用定量与定性相结合的方法，通过借助针对性的评价手段和工具，在评价过程中准确地测量高职学生职业核心素养发展的真实状况，及时发现存在的问题，据此进行诊断和改进，从而在教学内容、手段等方面及时调整。

（三）丰富评价手段

信息社会知识经济和信息技术的发展，大数据、移动互联网、云计算、多媒体等技术的应用，为职业核心素养评价改革拓宽了新的路径和方法。高职学生职业核心素养的评价可以适当利用先进的知识和技术手段，不断构建、丰富和完善评价体系，有效解决高职学生职业核心素养评价中存在的难题。比如，当前欧盟一些国家正在尝试借助大数据资源开发评价工具，通过编制态度调查问卷、表现性评价等形式开展评价；美国由思科、微软、英特尔合作发起的"21世纪技能教学与评定"项目，也正是致力于解决教学评价中的技术测量问题。[1] 对于我国高职院校而言，可以结合智慧校园建设，通过大数据挖掘的资源，搜集学生在家庭生活、学校学习、社会活动、企业锻炼等方面的情境数据，并通过数据分析发现存在的问题，揭示相互之间存在的关系和趋势，更加全面地了解和掌握学生职业核心素养某些方面的真实发展状况。当前，各个高职院校普遍应用的麦可思平台、学习通平台、蓝墨云平台，自主开发使用的教学质量诊改平台、学生素质教育纪实平台等，都为此提供了很好的平台技术支持。

（四）注意群体差异

在质量评价中，不仅要真实呈现出高职学生职业核心素养发展的整体状况，而且要通过评价促进和引导不同学生职业核心素养的发展情况，为此还需要注意不同群体学生差异化评价的问题。[2] 由于学科专业不同、认知基础、知识结构等方面的差异，不同群体学生的职业核心素养发展各不相同，在质

---

[1] 张传燧,邹群霞.学生核心素养及其培养的国际比较研究[J].课程·教材·教法,2017(3)：37-44.

[2] 陈宝琪.基于核心素养培育的评价"引擎"创新[J].教学与管理,2018(4)：119-121.

量评价上要注意处理好普遍性与特殊性的关系,既要考虑到高职学生职业核心素养发展的整体状况,还要照顾到不同学科专业、不同群体甚至不同个体之间的不同情况,借助差异化评价的方法来研判问题和不足,形成适应不同高职学生职业核心素养培养要求的评价结果,更加有利于高职学生职业核心素养的均衡全面发展。

另外值得注意的是,在评价结束后,要在第一时间将质量评价结果反馈给学生,让学生及时审视职业核心素养培养中的不足和问题,通过更加有针对性的学习和实践,查漏补缺,从而更好地提高职业核心素养培养的质量和水平。

第三节 指向高职学生职业核心素养培养的机制革新

在高职学生职业核心素养培养中,培养体系的优化提供了基本的路径和方法。为确保培养体系的有效运转,管理机制的革新是必不可少的,其中包括了"柔性化"的组织管理机制、"系统化"的课程管理机制、"双师型"的教师管理机制和"深层次"的校企合作机制。

一、"柔性化"组织管理机制与素养培养活力

根据现代教育管理理论,学校是为达成教育目标而设立的教育组织。当前高职院校普遍采用的是校院两级组织管理体制,实际上是一种科层化的组织管理模式。二级院(系)具有教学和行政的双重职能,是人才培养的具体承担者。二级院(系)内设教研室,不具有行政职能。然而,在两级管理实际执行的过程中,学校和行政职能部门占有了较多的行政权力,院(系)的主体性不够,限制了学生职业核心素养培养的效果。因此,高职院校需要依据外部环境变化和内部情况变化,及时调整并完善自身的组织结构和功能,提高组织生存和发展的能力,为高职学生职业核心素养的培养提供基本的组织环境保障。[1]

---

[1] 张新平,褚宏启.教育管理学通论[M].北京:高等教育出版社,2012.09:355.

(一)组织管理模式的柔性化转型

从本质上来看,高职院校以专业为教学的基本单位,是一种非典型的科层组织,其组织管理模式的构建体现的是专业为核心的思想。在当前高职院校机构设置保持相对稳定的情况下,高职院校无论采用的是校、院(系)两级管理,还是校、院(系)、专业三级管理模式,都是相对的。要想克服高职院校现有教学组织管理中存在的"梗阻现象",使高职学生的职业核心素养培养落到实处,就必须在"去行政化"思想的指导下,首当其冲地在组织管理模式上做出调整。改变过去"刚性化"的管理,向"柔性化"方向发展。目前典型的"柔性化"组织管理模式有矩阵型、网络型等几种形态,在管理理念上都强调组织结构打破部门的界限,绕过中间层次的组织管理部门,直接面向组织目标和服务对象。参照"柔性化"管理思维,高职院校应当在"去行政化"的思路下,大胆进行部门设置和职能定位的调整和优化,同时将职业核心素养培养任务以目标的形式,分别分解到教学组织、学生活动、职业指导、质量监控、后勤保障等各个教学院系和职能部门,形成以专业教学院系为中心,决策层、管理层、执行层在同一层次上的"扁平化"的管理模式。这种模式最大的优势就是管理层次少,可以更好地规避组织管理层次递减中产生的管理绩效损耗问题。

(二)在责权设置上向基层的延伸

在责权配置方式上,要突出专业院(系)的办学自主权,按照两级管理的原则和要求,将人权、财权、物权等下放的同时,真正做到将管理权下放,将专业院(系)打造成名副其实的办学和人才培养主体,逐步形成学校层面宏观指导、行政职能部门分工协调、专业院(系)主体培养的组织运行体制,在高职学生职业核心素养培养过程中,抓住"关键少数",实现"关键少数"与"绝大多数"同频共振的效果。

另外,在高职院校的组织管理设置中,专业教研室是最基层的单位,按照一个专业或相近的专业群设置,承担着最基础的教学管理任务,却没有行政管理权力。而高职院校教研室的工作与人才培养直接相关,从整体的专业人才培养方案到专业人才培养目标的制定,到专业核心课程的设置,再到理论与实践教学活动的组织开展,都是专业教研室的工作范畴。在高职学生职业核心素养培养的过程中,专业教研室就是把好培养方向的第一道关卡,监控培养质量的最前沿阵地。因此,在条件许可的情况下,高职院校组织管理的柔性化转型,应该适当考虑专业教研室的管理权限,更好地激发活力,发挥作用,达到赋权增能的效果。

二、"系统化"课程管理机制与素养培养动力

关于课程管理,国内外学者基于关注点的不同给出了多种定义。美国学者欧文斯(Robert G Owens)认为,课程管理是一个权力和信息集中的等级体系。瑞典学者胡森(T. Husen)认为,课程管理是课程的发展和组织从概念化到实施以及革新的整个过程。钟启泉教授认为,课程管理不仅限于课程内容,而且涉及课程内容计划、实施、评价的一系列控制活动。张新平教授在《教育管理学通论》中提出,学校课程管理指的是学校依据课程政策,结合自身的办学条件和培养目标,对学校课程设计、决策、实施和评价的组织、领导、监督和检查等一系列的管理活动。[①] 由此可知,高职院校的课程管理是一项系统化的工作,"试图达到的教育目标"是目标和原则,课程结构体系的确定是前提和基础,课程标准的制定和教科书的编排是不能绕开的问题,也是课程体系得以有效实施的重要保证。考虑到课程体系在前面已有所涉及,在此不再赘述,重点探讨课程标准的制定和教科书的编排。

(一)课程标准制定的"合理性"

课程标准集中体现着人才培养目标的要求。从目前欧美国家课程标准制定情况来看,总体上体现出核心素养的发展趋势。比如,美国的21世纪技能通过制定"共同核心州立标准",在联邦国家层面规定以学生学业能力为质量标准,课程标准体现在21世纪能力框架模式中关于"核心科目与21世纪议题"的整合上。课程体系标准在传统的数学、阅读、艺术等核心学科基础上,重点增加了全球意识、公民素养、理财素养、健康素养、环保素养等五个议题。[②] 欧盟1/3的国家在国家层面制定了"核心素养"人才培养目标的课程标

[①] 张新平,褚宏启.教育管理学通论[M].北京:高等教育出版社,2012.09:407.

[②] 张传燧,邹群霞.学生核心素养及其培养的国际比较研究[J].课程·教材·教法,2017(3):37-44.

准,法国于 2006 年颁布的《共同基础法令》,以立法的形式将核心素养指标纳入课程目标之中,西班牙、芬兰、荷兰等国家也都陆续制定了核心素养标准的课程大纲。[①] 综观国际社会核心素养课程标准制定的过程,大致可以分为三类:以美国为代表的"外推型模式",核心素养是独立于课程体系之外的,有专门的机构制定;以芬兰为代表的"内嵌型模式",在国家课程体系中嵌入核心素养;以日本为代表的"植入型模式",在具体的课程目标中体现核心素养。综合三种课程标准制定的模式,结合我国高职教育课程体系的现状和特点,日本的"植入型"模式具有更好的适切性。借鉴日本课程标准模式,高职院校素养本位课程标准的研制应具备三个方面的要求:在课程教学目标上着眼于产教融合、校企合作的背景,明确高职学生职业核心素养培养的要素和结构;在课程教学内容上明确学生在各个学科专业领域需要掌握的职业素养;在课程教学质量要求上明确不同阶段、不同类型、不同年级学生在职业素养上应该达到的质量和标准。

当然,值得一提的是,在高职院校职业核心素养课程标准研制的过程中,要注意把握好三种关系:第一种关系是国家统一标准与区域差异标准的关系。由于不同区域的经济发展程度不同,对人才培养需求和培养目标也应当是不同的,这种差别是由职业机会决定的。第二种关系是学校、企业等利益主体的关系。考虑到高职人才培养中多元利益主体的责任和功能,高职院校学科专业课程体系和标准的制定,要在一体化课程体系的基础上,广泛征求不同利益主体的意见,综合考量制定。第三种关系是学生发展核心素养和学科专业核心素养的关系。学生发展核心素养是所有学生都应具备的最关键的共同素养,专业核心素养是基于不同学科专业特点提出的培养目标。两者在总体上是整体与部分、共性与特性的关系。具体地说,学生发展核心素养在总体上影响和规定着学科专业核心素养,而学科专业核心素养则是学生发展核心素养在某一学科专业领域的类型化和具体化。为此,高职院校学科专业课程标准的研制和课程目标的落实,必须在两者兼顾的基础上实现共轭培养。

(二)课程教科书编排的"适切性"

教科书是落实课程管理的主要载体,不仅是教师评价学习结果的工具,

[①] 郭翔飞,程晓堂.培养学生核心素养课程改革的国外经验及启示[J].黑龙江高教研究,2016(9):63-66.

而且是引导学生思考探究的文本指南,高职学生职业核心素养培养离不开素养本位的教科书。可以说,如果没有合适的教科书,无论课程体系多么完善,课程标准制定的如何系统全面,都无法保证在教学实践中得到有效落实。

当前,面对信息社会技术进步和生产变革的影响,高职教育应深刻把握这一过程中人才培养定位与方式的转变,这正是高职院校教学改革的关键,同时也是高职院校教材开发面临的热点和难点问题。在这样的背景下,教科书编排一旦启动,在课程教学内容体系相对固定的情况下,最重要的工作就是考虑如何把自己精心选择的、想要展示的东西设计好组织好,以最优的方式呈现出来。比如,"互联网+"背景下云教材的出现及其推广应用。这个过程与确定内容不太一样,编排的方式是否科学合理,是否能够引起学生的兴趣,激发学生的学习热情等,都会在一定程度上影响职业核心素养培养的效果。在这个意义上来说,教科书编排者甚至比原创者更重要。[1]

当然,对于高职通识类教材和专业类教材,在编排的过程中也会有所区别。特别是专业教科书的编排,应当依据学校和企业共同确定的课程目标和课程标准,同时体现出学校和企业的双重要求。首先,在教科书内容选择方面,着眼于高职学生未来职业发展需要,突出实用性、实践性和实效性。[2] 所谓实用性,就是既考虑到高职学生学科专业学习的"最近发展区",又要考虑到未来职业岗位和个体职业发展的需要;所谓实践性,就是适应职业教育实践应用性的要求,体现出"做中学、学中做、学中思"的特点;所谓实效性,就是培养面对信息社会职业关系变化的新情况下,职业核心素养的新要求和新特征,掌握终身学习和职业发展的知识和能力。其次,在教科书编排形式方面,要明确"为学习而设计是为了更好地促进职业核心素养发展"的理念,教科书不应当是结论的简单再现者,而应当成为引导学生自主探究的设计者。也就是说,一本"适合的"教科书不仅能够教会学生最基本的专业知识,而且能够引发学生利用所学到的专业知识,判断、分析和解决新的职业和社会问题,实现知识、能力、态度、价值观等的共同增长,而这正是职业核心素养培养的重要依托。

---

[1] 石鸥,张文.学生核心素养培养呼唤基于核心素养的教科书[J].课程·教材·教法,2016(9):14-19.

[2] 李光亮.职业院校学生发展核心素养培养与职业素质教育类教材开发[J].中国职业技术教育,2018(23):83-93.

此外，高职院校有效的课程管理，少不了科学的课程评价管理。作为教学诊断和改进的重要依据，课程评价能够帮助调整和完善教学进度计划，增强高职学生职业核心素养培养的针对性和实效性。目前，江苏省高职院校正在推进的教学诊断与改进工作，其中就包括了专业、课程等诊改模块，其倡导的事前目标任务分解、事中监测与预警、事后诊断与改进的课堂教学"常态纠偏模式"，是一种经实践证明比较有效的课程评价管理模式。

三、"双师型"教师管理机制与素养培养能力

教师是教育教学活动的主体之一，对学生核心素养的培养有着直接的影响。教师自身首先具备了教育教学需要的职业素养，才能满足于专业教学的需要，才能在教学活动中承担起学生职业核心素养培养的任务。因此，教师职业素养的养成和发展同样重要。比如，新加坡非常重视教师素养的养成和提升，要求所有教师在上岗前，必须接受国立教育学院的职前培训。我国高职院校专任教师上岗前也需要通过严格的岗前培训和考核，满足"双师型"教师的要求是从事教学活动的必要条件。

（一）教师知识发展与队伍建设

文献分析发现，自教师职业化以来，教师知识与有效教学问题就引起了广泛关注。20世纪80年代以来，关于教师知识研究出现了一定的弱化学科知识的倾向，美国学者舒尔曼(L. Shulman)对这一问题进行了批判，并通过个案研究，提出教师有效教学应当具备的七个方面知识，其中特别强调了"教学内容知识"(Pedagogical Content Knowledge, PCK)，即学科知识与教育学知识的融合。[1] 舒尔曼的教师知识结构论虽不是革命性的，然而其提出的PCK概念为教师知识的研究指明了方向。20世纪90年代特别是进入21世纪以来，教师知识逐渐成为教育学研究的热点问题，学者在不断挖掘教师知识内涵和结构的同时，也在反复验证教师知识的重要性。比如，H. C. Hill等学者通过量化研究表明，教师的教学知识测评结果与学生成绩呈正

---

[1] L. S. Shulman. Those Who Understand: Knowledge Growth in Teaching[J]. Educational Researcher, 1986, 15(2): 4-14.

相关的关系。①

　　研究教师知识的目的在于促进教师专业发展,进而通过教学影响学生核心素养的培养。当前,信息社会对学生职业核心素养提出了新要求,教师具备的知识结构也必然需要与时俱进。因为并不是说教师知识越丰富,实践能力就会越强。特别是对于强调培养高素质技术技能人才的高职院校而言,"双师型"教师的意义就显得特别重要。1990年,中国教育报最早提出了"双师型"教师的概念,当前已纳入国家政策的范畴。关于"双师型"教师的内涵,《国家中长期教育改革和发展规划纲要(2010—2020年)》的解释是:持有专业技术资格证书和职业资格证书。也就是说,除了具有教师资格证书,还要有技能资格证书;除了具备专业理论性知识,还要具备实践性知识。然而,当前教师知识结构与学生核心素养培养之间有着诸多矛盾。在一项课题的研究中,通过对C学校的276名高职院校专任教师进行调查,也从另一个侧面印证了这一问题。71.74%的教师认为自身知识结构存在问题。其中36.96%的教师认为自身理论性知识更新不够,73.91%的教师认为实践性知识和社会经验性知识缺乏。试想一下,一个从学校到学校的专任教师,自身都没有经历过系统的专业实践锻炼,如何去培养学生的实践技能?高职学生四个层面二十八项要素的职业核心素养,实质上不仅是要完善学生的关键能力和必备品格,更加重要的是为高职院校的人才培养明确教育教学标准,提供教育教学参照。在这样的情况下,高职教师必须具备扎实的专业理论知识,并能根据经济社会发展和职业岗位变化,及时更新和丰富知识储备。同时结合专业发展特点,形成与之匹配的实践性知识和社会经验性知识,准确有效地培养高职学生职业核心素养。② 在这一过程中,专任教师的实践研修、企业顶岗、挂职锻炼等方法,都是可行的而且是必要的。

　　此外,高职院校在教师队伍建设中,对大国工匠、有企业岗位实践经验的高层次技能人才的引进,聘任行业企业技术人员担任兼职教师,打造一

---

① H. C. Hill, D. L. Ball, M. L. Blunk, etc. Validating the Ecological Assumption: The Relationship of Measure Scores to Classro-om Teaching and Student Learning[J]. Measurement: Interdisciplinary Research and Perspectives,2007,5(2):107-118.

② 黄友初.核心素养视域下教师知识的解构与建构[J].上海师范大学学报(哲学社会科学版),2019(2):106-113.

支校企合作、专兼结合的稳定的教师队伍,是高职院校教师管理的必然要求。

(二) 推动建立教师教学共同体

在高职学生职业核心素养培养的过程中,高职院校还要注重教师资源配置的优化整合,做到不同行业、企业、专业的教师,在学生职业核心素养培养中的资源共享、优势互补,构建起教师教学共同体。

1. 教师教学共同体的理解

在理论研究的层面,共同体的概念最先由德国社会学家斐迪南·滕尼斯(Ferdinand Tonnies)提出,即"通过某种积极的关系而形成的群体,是统一对内对外发挥作用的一种结合关系,是现实的和有机的生命组合。"[1]教学共同体的概念最早出现在20世纪90年代,21世纪后成为教育学界关注的焦点。当前对教学共同体并未形成统一的概念界定,但形成了一些基本共识:教学共同体的主体是参与教学活动的教师和学生,教学共同体的情境是教学活动中呈现出的课堂状态,教学共同体的指向是教学活动中需要师生共同解决的实际问题,教学共同体的目标是师生共同的发展和进步。

2. 教师角色定位的转变

当前,"互联网+"理念的提出和发展,互联网在改变生产生活方式的同时,也正在对学校教育教学产生冲击,并最终指向教育技术、教学模式、教学方法的变革。在这一进程中,教学共同体也在发生着新的变化,逐渐呈现出一种新的样态"虚拟教学共同体"。基本理念是:类似于本尼迪克特·安德森的"想象共同体"[2],教学活动中互联网思维和云平台技术的融入,使得教学场域更加开放、教学情境更加虚拟、教学资源更加丰富、教学互动更加频繁、群体文化更加多元。这种新教学样态的出现,在一定程度上打破了教学地域、空间和时间的限制,改变了教学活动的组织架构和文化塑造,最大限度地吸引教育主管部门、企业、社会组织等利益相关者参与教学互动,催生出教学资

---

[1] [德] 斐迪南·滕尼斯.共同体与社会[M].林荣远,译.北京:商务印书馆,1999:2-3.

[2] Rosie Turner-Bisset. Expert Teaching: Knowledge and Peda-gogy to Lead the Profession[M].London:David Fulton Publishers Ltd,2001:2.

源的优化与创生。当然,在这样的背景下,高职院校作为核心主体,要发挥好协调各方、整合资源的职责,积极主动地推动教学共同体建设,提升高职学生职业核心素养培养质量。作为教学的具体管理者、设计者、组织者,高职教师的角色定位尤为重要。研究认为,适应"互联网＋"教育的新趋势,高职教师的角色和定位应当与时俱进完成六项转变,如表6-2所示。其中需要强调的是,随着MOOC、微课、翻转课堂等信息化教学改革的推进,高职教师信息化教学能力的提升首当其冲,教师需要顺应"互联网＋"教育改革发展趋势,主动学习信息化技术的最新成果,积极开展信息化教学探索和设计,拓展和丰富教育教学的内容与资源,提升信息化教学的能力和水平。[①]

表6-2 "互联网＋"背景下教学共同体教师功能定位的变化

背景 教师教学	传统教育时代	"互联网＋"教育时代
与新技术关系	被动接受新技术	主动拥抱新技术
对学习的态度	阶段学习者	终身学习者
与学生的关系	线下面对面的沟通	线上交互式的沟通
教学活动过程	注重课堂知识的传授	注重设计学习过程
教学活动目标	教给学生标准答案	教会学生多维探究
教学活动评估	单向的课堂展示	多样化的创作与分享

四、"深层次"校企合作机制与素养培养合力

高职学生职业核心素养培养的系统性和高职教学过程的实践性,决定了必须建立稳定的校企深度合作关系,以减少校企合作中因"壁炉现象"产生的培养合力不够的问题。对于校企合作,按照合作的紧密程度划分,可以分为校企合作1.0、校企合作2.0、校企合作3.0三个阶段,如图6-4所示。[②]

[①] 桑雷."互联网＋"背景下教学共同体的演进与重构[J].高教探索,2016(3):79-82,92.

[②] 桑雷,郑毅.中国制造2025下职业教育人才培养的智能指向及实现[J].职业技术教育,2017(19):8-13.

第六章　高职学生职业核心素养培养体系优化及保障

- 互聘专兼教师
- 共建实训基地
- 共办订单班

- 共同设计专业标准
- 共同开发课程体系
- 共同实施教学诊断

- 共建研发中心
- 共建技术中心
- 建立校企共同体

校企合作 1.0　　校企合作 2.0　　校企合作 3.0

图 6-4　按照紧密程度划分的校企合作的三个阶段

当前，大多数高职院校处于校企合作 2.0 阶段，部分高职院校还在校企合作 1.0 和校企合作 2.0 之间。近些年来，现代学徒制作为破解校企合作"合而不作"难题的一种模式，陆续在部分职业院校试点、推广和应用，实施以来的成效反馈，仍然难以根治"新瓶装老酒"的弊病，并未起到预期的效用。2016 年，教育部《互联网＋中国制造 2025 产教融合促进计划》，提出校企共同建设"三位一体"智能制造集成性创新平台，开展校企深度合作，打造专业集群，加速大学"主动融入"改革进程。这实际上面向的是校企合作 3.0 阶段，对高职院校的校企深度合作提出了新的思路，同时也提出了更高的要求。面对信息社会的技术进步和生产变革，高职院校面临校企合作 2.0"补课"和校企合作 3.0"追赶"的叠加使命。借鉴德国、英国、澳大利亚等欧美国家的经验，着眼于高职学生职业核心素养培养，高职院校应当在巩固既有校企合作成果的基础上，立足于多元利益主体的利益诉求，统筹协调好各种资源，建设"深层次"的校企合作机制，打造校企共同体，如图 6-5 所示。

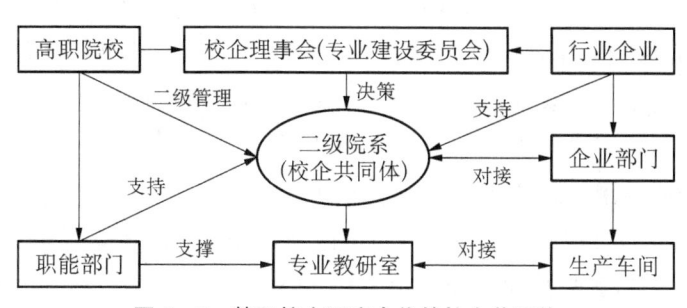

图 6-5　基于校企深度合作的校企共同体

（一）明确的权责约束

校企合作需要跨越不同利益主体的诉求壁垒，持续的合作需要制度机制的约束来保障。现实中很多校企合作"虎头蛇尾"，或者开头之后就没了下文，主要原因就在于缺乏稳固的约束机制。因此，深层次的校企合作绝不能仅仅体现为一纸合约，重要的是协议基础上的制度约束。通过各项规章制度来明确各方的权利和义务，形成各个利益主体共享、共管、共约的约束机制。一方面，将职业核心素养培养过程中相关的产学合作、项目开发、教学管理、顶岗实习等活动，纳入制度的框架内，在制度的框架下明确合作各方的主体责任，做到有章可循、过程共管、责任共担，提高校企合作的质量和水平。另一方面，按照校企双方签订的协议和制度，实施目标管理与考核等，加强过程性动态监控，通过必要的奖惩措施，约束和督促合作各方履行责任和义务，防止校企合作"合而不为"，确保深层次校企合作的规范运行和稳定发展。

此外，深层次的校企合作除了制度的刚性约束以外，不同形式的交流互动也是必要的。比如，经常性地开展柔性的年会、研讨会等活动交流、文化互鉴等，在优化合作制度的同时，建立起契约责任与情感信任。[①] 契约层面的制度改进与文化层面对话共商相结合，使深层次的校企合作更加稳固。

（二）畅通的资源共享

资源共享是校企合作走向成熟的重要标志，也是职业核心素养培养的必要条件。这里讲的资源共享，不仅包括工作场所、实训基地、师资团队、模块课程等有形资源的共享，而且包括企业文化、品牌故事、营销策略等无形资源的共享。随着信息社会"互联网＋"的发展，校企双方可以利用信息技术手段，建立信息共享、互通有无、互为优先的网络资源共享机制。资源共享机制的建立，有助于校企双方的互利共赢。首先，高职院校通过共享企业的硬件和软件资源，减轻办学的成本压力。企业可以优先选用"适销对路"的毕业生，保障企业的用工需求，增加企业的用人储备。其次，企业聘请学校教师联合开展技术攻关和人员培训，学校则可以聘请企业技术人员共同开发课程、编写教材、兼职授课，宣讲企业文化、职业规划、技术实操，帮助学生提前了解

---

① 周乐山.校企深度合作，创新"四共"机制[J].中国职业技术教育，2018(10)：24-29.

和熟悉岗位工作和流程。最后，学校和企业通过共建研发中心、共建技术中心等，在场所、设备、设施等方面的资源共享，将课堂搬进企业车间，理论教学、实践教学和企业实操紧密结合，在一定程度上有助于企业的生产经营，也有助于高职学生职业核心素养的有效培养。

（三）有效的评估反馈

高职教育人才培养定位于服务区域经济社会发展，校企合作当然也不能背离了这一方向。这就意味着，深层次的校企合作不仅要与行业企业适应，而且要顺应地方经济社会发展的特点和趋势，需要建立起科学有效的评估反馈机制。2012年，教育部发布《支持高等学校提升专业服务产业发展能力建设》，提出建立和完善学校、行业、企业、研究机构和社会组织共同参与的职业教育质量评价机制。然而，由于主客观诸多问题的影响，目前高职院校校企合作中的评价机制执行不够到位，存在着一些待解的问题。比如，人才培养缺乏过程性的监督与调控，给系统全面的质量评价带来不便；实操工作缺乏对问题的沟通交流，对针对性的人才培养方案优化调整造成困难。可以说，校企合作中的这种信息不对称、沟通不流畅问题，必然造成学校和企业无法建立统一的人才培养计划，以及与之匹配的监督、考核、激励、惩罚等措施，这也是导致校企合作不深不实的重要原因。因此，科学有效的评估反馈机制是校企深层次合作的必然要求，只有确保信息在学校和企业间及时反馈，才能准确地检验校企合作的成效。[①] 此外，通过定期的评估反馈，还可以及时淘汰不能有效开展校企合作的企业，吸收资质更好的企业开展深层次的校企合作，逐渐形成校企合作的动态稳定机制。

本章小结

信息社会知识经济和信息技术的发展，技术进步对职业变化及其人才素养的影响已经受到了空前的关注。在这样的背景下，高职院校需要制定更加

[①] 卢海涛.高职校企深度合作的模式选择与机制创新[J].教育与职业,2016(21):50-53.

科学的人才培养目标和策略,使之既能解决生产发展中工作机会的问题,又能应对新职业关系下技术性失业的问题。也就是说,高职院校不应该局限于培养学生去利用现有的机会,这些反复无常的机会或许在学生被大学录取时就已经不存在了。为此,高职院校必须想办法完善高职学生职业核心素养培养体系,不断提升职业核心素养培养的质量和水平,鼓励和支持其创造更好的职业未来。[①] 一言以蔽之,更好地培养等同于更好的工作。

针对高职学生职业核心素养培养中存在的问题及其原因分析,高职学生职业核心素养的培养是一个复杂的系统工程。综合考虑高职教育的类型和特征,高职学生职业核心素养的结构和特点,以及现有高职学生职业核心素养培养体系的状况,高职学生职业核心素养培养首先需要进一步明确培养主体的职责和功能,加强彼此之间的整合和互动,这是一个多元主体协同配合的过程。同时,考虑到高职学生职业核心素养培养中利益主体的紧密关系和程度,应当以确定型和预期型的利益主体作为核心和重要的培养主体,如高职院校、教师、学生、企业、政府教育主管部门,辅之以潜在的利益主体,如社会中介组织、媒体、学生家长等。

在高职学生职业核心素养培养的过程中,多元主体的整合和互动为素养培养提供了必要性基础,在此基础之上的体系优化和机制革新则提供了可行性策略。其中,体系优化是高职学生职业核心素养培养的路径和方法,具体包括四项措施:一是培养目标"嵌"素养,优化目标体系。重点是基于培养目标与职业核心素养的对应关系,基于工作实践明确职业核心素养培养的结构和标准,以此为基础组织和开展针对性的教育教学活动。二是课程教学"练"素养,优化内容体系。重点是基于成果导向的教育教学理念,做好各种素养在课程中的针对性转化,及其向课程体系的渗透融入,逐步建立起符合职业核心素养培养要求的课程体系。三是实践活动"攒"素养,优化服务体系。重点是基于"整合式"实践活动培养模式,通过校园文化的浸润、实践活动的滋养、创新创业的启发等,为职业核心素养培养提供有益补充和基本保障。四是质量监控"验"素养,优化评价体系。重点是基于形成性评价理念,通过多元利益主体参与的动态质量监控和评价,及时准确地把握不同群体学生职业

---

① [美]凯文·拉古兰德,詹姆斯·J.休斯.未来的就业:技术性失业与解决之道[M].艾辉,冯丽丽,译,2018:199.

核心素养培养状况,为职业核心素养培养提供明确的方向和指导。

　　管理机制的革新是高职学生职业核心素养培养的条件和保障,为此需要完善四项具体机制:一是"柔性化"的组织管理机制。重点是组织管理模式的柔性化转型和责权配置上的基层延伸,在"去行政化"理念的指导下,进行部门设置和职能定位的调整和优化,将职业核心素养要素以目标任务的形式,分解到教学组织、学生活动、职业指导、质量监控、后勤保障等各个教学院系和职能部门,形成以专业教学院系为中心,决策层、管理层、执行层在同一层次上的"扁平化"的管理模式,打造学校层面宏观指导、行政职能部门分工协调、专业院(系)主体培养的组织运行体制。二是"系统化"的课程管理机制。重点是在确定课程结构体系的基础上,坚持实用性、实践性和实效性的原则,做好职业核心素养导向的课程标准的制定、课程教科书的编排和课程评价管理。三是"双师型"的教师管理机制。重点是做好教师知识发展与专兼结合的教师队伍建设,通过专任教师的实践研修、企业顶岗、挂职锻炼,以及行业企业技术人员的兼职、引进,优化教师知识结构和队伍结构。同时,注重教师资源配置的优化整合,做到不同行业、企业、专业的教师,在学生职业核心素养培养过程中的资源共享、优势互补,构建起教师教学共同体。四是"深层次"的校企合作机制。重点是在既有校企合作成果的基础上,立足于多元主体的利益诉求,统筹协调好职业核心素养培养需要的各种资源,明确权责约束,畅通资源共享,加强评估反馈,推动校企深度合作,逐步打造校企共同体。

第七章

结　语

行文至此,对前面章节的论述进行总结和反思,从实践问题的关注到理论关系的分析,从实证调查的开展到理论模型的构建,从培养现状的诊视到培养策略的探讨,研究中始终遵循着"大胆假设、小心求证"的学术信条,坚持研究真问题,开展真实践、真研究,努力做到研究逻辑和研究成果的科学性、规范性和有效性。当然,限于理论积淀和研究水平,研究中也许还存在一些不到之处,也真诚希望专家的批评指正,以利于后续研究的深入扎实开展。

一、研究的结论及观点

研究遵循"提出问题—建立理论解释框架—依据理论分析问题—联系实际解决问题"的研究思路,重点探讨了三个方面的问题。

(一) 职业核心素养何以理解:职教认识与表达

1. 职业核心素养的内涵界定

遵循着"技术·生产·人"的逻辑理路,考察职业发展变化对人的素养要求变化,从农业社会的操作技能,到工业社会的职业能力,再到信息社会的核心素养。核心素养之于操作技能和职业能力,内涵更为丰富和宽广,除了知识、能力等工具性要求之外,还体现出对道德价值观的坚守,对人的发展性的关注,不仅强调做事的能力与态度,更加突出做人的品质与修养。基于此,研究认为,把核心素养放到职业发展变化的情境中进行理解,通过职业发展变化中职业人才素养关注点的变化,能够更好地理解职业核心素养及其价值特征。职业核心素养指的是直接与职业环境和岗位能力相对接,关涉个体的社会适应性、岗位竞争力和职业发展性的必备品格与关键能力,指向于个体进入工作岗位、胜任岗位工作、适应社会发展和个人职业发展必需的知识、能力、情感、态度和价值观的集合。其核心特质表现为职业核心素养是一般职业素养的精髓和灵魂,具备联结或活化其他素养的意义化能力。

2. 职业核心素养的职教理解

研究通过对核心素养与职业教育人才培养关系的探讨,认为职业核心素养的职教认识与理解具体表现在三个方面:① 职业核心素养是职业发展变化对人才素养的要求。表现在从农业社会的操作技能到工业社会的职业能力再到信息社会的核心素养,反映了特定历史时期和阶段内,职业活动对"需要什么素养的劳动者"这一问题的直接回应,具有鲜明的时代特征和职业特色。随着科学技术的变革和劳动分工的变化,对职业核心素养的需求也趋于动态的多元和复合。② 职业核心素养直接对接具体职业环境和岗位素质。表现在职业工作体现在一定的社会分工体系中,职业发展情境中的核心素养与职业环境和岗位素质直接对接,具体涉及个体在职业工作中的社会适应性、岗位竞争力和职业发展性。其中,社会适应性是对劳动者从"学习者"到"职业人"角色转换的要求;岗位竞争力是劳动者对从事某项岗位工作必备的品格和能力,以及从事岗位工作的不可替代性素质;职业发展性是劳动者面对生产变革和职业变化,保持可持续职业发展的职业素养生长性和发展力。对于个体职业发展而言,社会适应性、岗位竞争力和职业发展性互相关联、互为支撑,缺一不可。其中,社会适应性是前提和基础,岗位竞争力是动力和保障,职业发展性是目标和指向。③ 职业核心素养与学校职业教育和培养活动密切相关。表现在学生未来参与社会分工必备的品格和能力,指向学生进入工作岗位、胜任岗位工作、个人职业发展的一系列知识、能力、情感、态度和价值观的集合,更加明确在职业教育和培养的范畴,与职业教育和培养活动密切相关,在学校教育培训中培养和发展,在职业岗位实践中提高和完善。

3. 职业核心素养的价值表达

职业与教育的互动关系集中体现在教育需要培养什么样的职业角色以及与之对应的职业活动和培养规格等方面,据此进一步明确职业核心素养促进高职人才培养价值定位的演进。一方面,职业核心素养代表了信息社会对职业教育活动理解和认识的最新成果,要求高职教育回归"育人"的本真,既是对原有的"制器"教育的修正和反思,同时也是应对21世纪经济社会转型发展,职业教育要"培养什么样的人"的科学回应。另一方面,面对信息社会科学技术的迅猛发展,职业的新发展和职业关系的新变化呼唤高职教育培养目标的转向,单靠以往"做加法"的方式更新教育目标已难以为继。作为21世纪教育目标的集中体现,职业核心素养体现出人们对信息社会教育目标价值定位的新认识,也昭示着教育目标领域的思维方式由"分析还原"到"系统综合"的转变,其关注点从对知识和技能的强调到人的全面发展。同时,教育目标中由"线"及"面"的突破,有助于建立起更加系统和综合的教育目标结构。总之,基于职业核心素养的高职教育价值超越,不仅能够感受到高职教育面向未来、致力于培养全面发展的人的理性回归,而且有助于弥补高职教育人才培养中现存的某些缺陷,纠正当前教育实践中存在的"重技能轻素养"的倾向。

(二)高职学生职业核心素养何以呈现:模型构建与结构特征

1. 高职学生职业核心素养模型构建的理论分析

高职学生职业核心素养模型的建构,需要将其限定在特定的背景下做针对性的理论探讨。基于模型构建与各种教育学理论的基本对应关系,高职学生职业核心素养模型构建的学理基础涉及与内容相关的职业成长规律理论、与结构相关的多元智能理论、与要求相关的人职匹配理论。同时,基于高职教育的类型特征和学段特点,以及高职学生的个体成长特点,高职学生职业核心素养模型构建需要综合考虑价值维度、结构维度和层次维度三个维度,在价值维度上体现出适应未来职业发展及其人的终身学习需要,在结构维度上体现出强调个体、国家和社会发展的统一,在层次维度上体现出符合高职教育文化和学段发展特点。

2. 高职学生职业核心素养模型构建的流程设计

采用"整合型"的构建思路,借助问卷调查、统计分析、专家咨询等研究方法。在国内外研究和实践成果筛选、比较和归纳的基础上,对高职学生职业核心素养的要素构成广泛征求意见,提炼出职业核心素养的初拟构成要素,形成《高职学生职业核心素养征求意见表》,经过专家咨询后确定初级要素。按照人与自我、人与工具、人与社会三个维度整合,具体化编制调查问卷,经过试测调整形成35个题项的正式问卷。通过对江苏省8所高职院校的紧密型合作企业实施问卷调查,获得有效样本411个,利用SPSS 22.0软件进行探索性因素和验证性因素分析,去除相关性较小的因子7项,析出高职学生职业核心素养要素28项,形成职业核心素养的确定要素。据此,构建起以核心价值观为中心的"同心辐射型"结构模型。

3. 高职学生职业核心素养模型的结构特征

高职学生职业核心素养模型以核心价值观为中心,职业品格与修养、生活与生涯素养、学习与创新素养、信息与技术素养四个层面为中间层,与之对应的二十八项要素为外围层。职业品格与修养包括了自我认同、性格品质、生命与健康意识、质量意识、国家认同、劳动意识、法律与规则意识等七项要素;生活与生涯素养包括了生涯发展与规划、领导力与责任感、职业适应能力、岗位迁移能力、社会参与与贡献、多元文化理解、社会实践经验等七项要素;学习与创新素养包括了学会学习、问题解决能力、批判质疑精神、主动探索与研究、创造创新能力、沟通交流能力、合作协作能力等七项要素;信息与技术素养包括了技术应用能力、任务执行能力、资源统筹能力、机器管理能力、信息意识、信息能力、数据分析能力等七项要素。

在高职学生职业核心素养模型中,职业品格与修养、生活与生涯素养、学习与创新素养、信息与技术素养四个层面二十八项要素构成了一个完整的体系。对于四个层面的素养之于个体的职业行为,具体到职业发展中对于问题解决的作用,职业品格与修养、生活与生涯素养总体上起到"指挥"和"调控"的作用,学习与创新素养、信息与技术素养则更多地起到"操作"和"应用"知识和能力的作用。四个层面的素养共同组成的结构,决定了个体职业素养的高低,进而决定了个体外在的职业行为能力。

(三) 高职学生职业核心素养何以培养:基本设想与可行路径

1. 高职学生职业核心素养培养存在的问题

对照高职学生职业核心素养框架,面向江苏省部分高职院校的教师和学生,对现有高职学生职业核心素养及其培养状况进行调查,调查结果反馈的信息表明：高职学生比较欠缺的职业素养包括了岗位迁移能力、技术应用能力、问题解决能力、劳动意识、法律与规则意识等。同时，高职学生职业核心素养培养总体上是具有成效的，但也在一定程度上反映出面广、目标大、针对性不强的问题，具体表现在三个方面：一是重观念轻设计的目标割裂问题，人才培养目标的"笼统化"设计和职业核心素养的"选择性"培养，各项素养的培养参差不齐；二是重传授轻应用的理实脱节问题，企业缺乏参与素养培养的意识和行动，高职院校理论和实践教学与生产过程脱节，岗位实践应用类素养培养遭遇困难；三是重教育轻融入的协同不足问题，高职院校各个组织机构之间缺乏有效的沟通和交流，协作和配合浮于表面，没有形成合力。

针对高职学生职业核心素养培养中存在的问题，探究其存在的深层次原因，总体概括为理念的束缚、制度的羁绊和条件的约束三个方面。其中，理念的束缚表现为校企合作中"冷热不均"的"壁炉现象"，校企合作内容的"碎片化"与合作形式的"表面化"，消解了校企合作的系统性、稳定性和可持续性，不利于高职学生职业核心素养有效率的培养；制度的羁绊表现为组织管理中各行其是的"梗阻现象"，高职院校组织管理的失衡与错位，以及高职院校学科、专业及课程存在壁垒，使得权力边界过于明显，难以形成高职学生职业核心素养培养的组织合力；条件的制约表现为资源配置中强弱分明的"失衡现象"，在经费投入总体不足的情况下，高职院校相对不高的资源利用效率，影响到了实习实训条件、教师队伍建设等，对高职学生职业核心素养培养造成不利的影响。同时，高职教师资源分配和频繁流动的问题，使得高职教师缺乏人才培养的内驱力和外动力，也在一定程度上制约了高职学生职业核心素养培养质量。

2. 高职学生职业核心素养培养中的主体协同

针对高职学生职业核心素养培养中存在问题及成因分析，高职学生职业核心素养的培养是一个复杂的系统工程。综合考虑高职教育的类型和特征，高职学生职业核心素养的结构和特点，以及现有高职学生职业核心素养培养体系状况，高职学生职业核心素养的有效培养首先需要进一步明确培养主体的职责和功能，加强整合和互动，共同构建起高职学生职业核心素养培养的支持体系，这是一个多元主体协同配合的过程。同时，考虑到高职学生职业核心素养培养中利益主体的紧密关系和程度，应当以确定型和预期型的利益主体作为核心和重要的利益主体，如高职院校、教师、学生、企业、政府教育主管部门，辅之以潜在的利益主体，如社会中介组织、媒体、学生家长等。

3. 高职学生职业核心素养培养中的体系优化

培养体系的优化是高职学生职业核心素养有效培养的路径和方法，具体包括四项措施：一是培养目标"嵌"素养，优化目标体系。重点是基于培养目标与职业核心素养的对应关系，基于工作实践明确职业核心素养培养的结构和标准，以此为基础组织和开展针对性的教育教学活动。二是课程教学"练"素养，优化内容体系。重点是基于成果导向的教育教学理念，做好各种素养在课程中的针对性转化，及其向课程体系的渗润融入，逐步建立起符合职业核心素养培养要求的课程体系。三是实践活动"攒"素养，优化服务体系。重点是基于"整合式"实践活动培养模式，通过校园文化的浸润、实践活动的滋养、创新创业的启发等，为职业核心素养培养提供有益补充和基本保障。四是质量监控"验"素养，优化评价体系。重点是基于形成性评价理念，通过多元主体动态的质量监控和评价，及时准确地把握不同群体学生职业核心素养培养状况，为职业核心素养培养提供明确的方向和指导。

4. 高职学生职业核心素养培养中的机制革新

管理机制的革新是高职学生职业核心素养有效培养的条件和保障，为此需要完善四项具体机制：一是"柔性化"的组织管理机制。重点是组织管理模式的柔性化转型和责权配置上的基层延伸，在"去行政化"理念的指导下，进行部门设置和职能定位的调整和优化，将职业核心素养要素以目标任务的形式，分解到教学组织、学生活动、职业指导、质量监控、后勤保障等各个教学院系和职能部门，形成以专业教学院系为中心，决策层、管理层、执行层在同一层次上的"扁平化"的管理模式，打造学校层面宏观指导、行政职能部门分工协调、专业院（系）主体培养的组织运行体制。二是"系统化"的课程管理机制。重点是在确定课程结构体系的基础上，坚持实用性、实践性和实效性的原则，做好职业核心素养导向的课程标准的制定、课程教科书的编排和课程评价管理。三是"双师型"的教师管理机制。重点是做好教师知识发展与专兼结合的教师队伍建设，通过专任教师的实践研修、企业顶岗、挂职锻炼，以及行业企业技术人员的兼职、引进，优化教师知识结构和队伍结构。同时，注重教师资源配置的优化整合,做到不同行业、企业、专业的教师,在学生职业核心素养培养过程中的资源共享、优势互补,构建起教师教学共同体。四是"深层次"的校企合作机制。重点是在既有校企合作成果的基础上,立足于多元主体的利益诉求,统筹协调好职业核心素养培养需要的各种资源,明确权责约束,畅通资源共享,加强评估反馈,推动校企深度合作,逐步打造校企共同体。

二、研究的创新、反思及展望

(一)研究创新

当前,关于核心素养的研究涉及不同的领域、专业、学科和学段。本研究只是在前人研究的基础上,结合自身工作岗位和研究兴趣,开展的一次针对性的研究尝试和探索,其可能的创新点主要体现在三个方面。

1. 建立了高职学生职业核心素养的研究框架

研究遵循着"技术·生产·人"的逻辑理路,将技术变革、职业变化、人才需求纳入统一的研究框架,从职业发展变化中的素养及其素养教育考察入手,提出并探讨了职业核心素养及其对高职教育人才培养的价值,这是对现有研究成果的整合和升级。

2. 构建了高职学生职业核心素养的结构模型

研究聚焦高职学生职业核心素养,综合运用问卷调查、统计分析、专家咨询等方法,对国内外理论和实践成果筛选、比较和归纳的基础上,确定问卷结构,编写问卷题项,编制调查问卷,对江苏省 8 所高职院校的紧密型合作企业实施问卷调查,利用 SPSS 22.0 软件进行探索性因素和验证性因素分析,析出高职学生职业核心素养要素 28 项,据此构建起"同心辐射型"高职学生职业核心素养模型,并进行了结构和要素的描述分析,这是对高职人才培养目标定位的理性回应和反思。

3. 提出了高职学生职业核心素养培养的策略建议

研究以江苏省部分高职院校的教师和学生为对象,对高职学生职业核心素养及其培养现状进行了调查分析,发现了存在的一些问题,并进行了探索性的诊断分析。基于此,结合实证调查结果反馈的信息,着眼于教育管理的视域,结合高职院校人才培养的内部和外部影响因素,系统地提出了高职学生职业核心素养培养的基本设想和可行路径。这是高职人才培养从教育教学领域向教育管理领域的延伸和深化,同时也为后续研究提供了理念和实践层面的参考和启发。

(二) 研究反思

研究按照预定的计划基本完成了各项目标任务,并在研究中取得了一些创新性的成果。但是,在研究过程中也切实感受到,限于研究条件、能力和水平,研究可能还有不够深入和不周全之处,很多问题可能未涉及或涉及不深,数据分析也不尽完全的翔实精确,主要表现在三个方面:

(1) 在研究预设方面,因信息社会背景的复杂性,以及技术变革影响下诸多因素难以完全准确预测,技术进步对劳动分工及其职业变化的影响还有待进一步观察,对职业岗位变化及其相应的职业教育人才培养的影响还有待进一步检验,对职业教育改革的应对及其高职学生职业核心素养的结构和要素,需要在动态发展中不断调整和修正。研究的选题也是一个常研常新的话题,在现有研究基础上仍然有深化后续研究的必要。

(2) 在研究内容方面,关于高职学生职业核心素养评价的研究相对略显薄弱,关于高职学生职业核心素养培养策略的研究,主要是从宏观的理念和设想进行思考,具体到某个学科或专业深入细化的微观研究略少,以此为基础的路径和方法等对策建议可能还没有做到面面俱到,希望在今后的研究中能够结合具体的案例,将这部分进一步做实做细,使得研究结论具有更强的说服力和更好的实践参考价值。

(3) 在研究方法方面,研究涉及理论研究和实证研究两个部分。理论研究中对中文文献的研究偏多,外文文献的学习相对略少;实证研究中主要采用的是教育调查和统计分析。在教育调查方面,主要采用的是问卷调查和个别访谈,虽然进行了广泛的宣传发动,也收集到了很多的样本,但有效样本不是很多,一定程度上影响到了研究质量。此外,限于专业能力的问题,统计分析主要以简单的数据统计分析为主,统计方法的使用相对不够丰富,在今后需要加强对研究方法和研究工具的学习,从而更好地提高研究质量和水平。

总之,在具体研究的过程中,尽管进行了大量的政策和文献学习,并且自始至终本着对问题的探索,尽可能地做到对前人已有研究成果的仔细研读和推敲,仍然因个人学识、能力与精力等的局限,难免在行文过程存在着不恰当不完善之处,但求此项研究能够对高职院校人才培养、高职学生职业核心素养及其培养等方面的研究抛砖引玉,引发更多研究者的共鸣,从而加强对这一问题的更多关注和更深探索。

(三) 研究展望

随着信息社会知识经济和信息技术的发展,传统行业已经开启"互联网+"新征程,智能化提上议事日程,人才需求发生了重大的结构性变化。一些全新的更高级的劳动方式、劳动手段和劳动产品都要求与之相匹配的高素质劳动者。这其中不仅要求劳动者熟练掌握知识和技能,也依赖于劳动者的观念更新、职业素养提升等。面临"新质量观"的呼唤和现实境遇严峻的挑战,职业教育人才培养改革成为职业教育供给侧结构性改革的重要场域。在这样的背景下,职业核心素养渐已成为职业教育改革的又一个"亮眼名片"。但在研究过程中,却深感学界对职业核心素养的研究与探索大多还浮于表面,依据政策的宏观解读和文本分析较多,深入的学理研究和实证分析未达预期,部分研究成果缺乏有效的理论支撑和实践观照,难以真正落到实处。因此,本研究的初衷就是希望响应职业教育"培养什么样的人"的现实要求,通过对高职学生职业核心素养研究,在高职教育国家层面的政策目标和院校层面的教育改革之间架起互联互通的"桥梁",从而更好地为国家层面教育目标的落地落实搭建有效的载体,同时也为高职院校正在开展的人才培养模式改革、内部治理体系改革、教学质量诊断改进、学生学业质量评价等具体工作提供重要的抓手。

当然,对于高职学生职业核心素养的研究,不仅关涉到高职教育人才培养缘何需要改革、改革应该指向何处、改革如何有效落地等现实问题,而且会影响到不同地域、行业、学科、专业、学段学生的培养标准和规格。基于对以上问题的考量,在接下来的后续研究中,希望能够在现有研究基础上,通过持续的实践验证,不断调整和优化职业核心素养的要素和结构。同时,能够持续关注职业核心素养研究的国际国内动态,注重不同地域、性质、层次职业院校,不同学科、专业、学段学生职业核心素养的具象研究和评价研究,在诊断和改进的基础上,提出更加有针对性的、可操作性的培养路径和方法,真正实现职业核心素养理论研究的系统化和实践应用的针对性。当然,作为一个常研常新的话题,更加希望通过本项研究的开展,能够抛砖引玉,启发思考,对高职学生职业核心素养评价与培养等问题有更加系统和全面的认识,更加深入地回答高职院校"培养什么人、怎样培养人、为谁培养人"的问题,从而为新时代高职院校人才培养模式改革提供有价值的理论参考和行动指南,助力高职教育全面改革发展和教育现代化目标的早日实现。

附 录

附录1 高职学生职业核心素养意见征求表

职业核心素养	赞同的,请画钩	替代性表述	其他看法或建议
沟通交流能力	□		
团队合作能力	□		
学会学习	□		
外语能力	□		
技术、组织与实施	□		
自我管理能力	□		
创新与创造力	□		
问题解决能力	□		
社会参与与贡献	□		
尊重与包容	□		
科学素养	□		

续 表

职业核心素养	赞同的,请画钩	替代性表述	其他看法或建议
多元文化理解	☐		
健康素养	☐		
国际意识	☐		
自信乐观	☐		
生涯发展与规划	☐		
可持续发展意识	☐		
反思能力	☐		
绿色意识	☐		
审美能力	☐		
法律与规则意识	☐		
自我认同	☐		
积极进取	☐		
国家认同	☐		
技术应用能力	☐		
工作价值	☐		
职业兴趣	☐		
质量意识	☐		
任务执行能力	☐		
资源统筹能力	☐		
安全意识	☐		
职业适应能力	☐		
岗位迁移能力	☐		

续 表

职业核心素养	赞同的,请画钩	替代性表述	其他看法或建议
劳动意识	☐		
信息意识	☐		
信息能力	☐		
数据分析能力	☐		
批判质疑精神	☐		
人文积淀	☐		
机器管理能力	☐		
生命意识	☐		
主动探索与研究	☐		
您认为的其他素养			

附录2 高职学生职业核心素养调查问卷

您好！我们是高职学生职业核心素养及其培养研究课题组，正在进行关于高职学生职业核心素养的调查。非常感谢您能抽出时间协助完成此次问卷填写，本问卷仅为学术研究使用，不会泄露您所填任何信息。您所谈及的意见和建议，我们都将严格保密，请放心填写。除特别说明外，每道题目只选一个答案。回答没有对错之分，您只需要根据自己的想法和实际情况作答。您的建议和观点对我们十分重要。非常感谢您的支持与配合！

第一部分 基本信息

1. 您的性别：
男□　　　　　　　女□

2. 您的单位性质：
国企□　　　　　民企□　　　　　外资□

3. 您的单位规模：
1 000 人以下□　　　1 000 人以上□

4. 您的岗位职务：
法人代表□　　　人力资源主管□　　　其他管理人员□

5. 基层工作经历：
有□　　　　　　　无□

第二部分 个体自主发展相关的素养

职业核心素养指标	非常不重要	不重要	一般	重要	非常重要
自我认同	○	○	○	○	○
性格品质	○	○	○	○	○
生命与健康意识	○	○	○	○	○
自我管理能力	○	○	○	○	○
职业兴趣	○	○	○	○	○

续　表

职业核心素养指标	非常不重要	不重要	一般	重要	非常重要
学会学习	○	○	○	○	○
生涯发展与规划	○	○	○	○	○
质量意识	○	○	○	○	○
问题解决能力	○	○	○	○	○
批判质疑精神	○	○	○	○	○
主动探索与研究	○	○	○	○	○
领导力与责任感	○	○	○	○	○

第三部分　个体知识习得相关的素养

职业核心素养指标	非常不重要	不重要	一般	重要	非常重要
人文积淀	○	○	○	○	○
外语能力	○	○	○	○	○
审美情趣	○	○	○	○	○
科学素养	○	○	○	○	○
创造创新能力	○	○	○	○	○
职业适应能力	○	○	○	○	○
技术应用能力	○	○	○	○	○
任务执行能力	○	○	○	○	○
资源统筹能力	○	○	○	○	○
岗位迁移能力	○	○	○	○	○
机器管理能力	○	○	○	○	○

第四部分　个体社会参与相关的素养

职业核心素养指标	非常不重要	不重要	一　般	重　要	非常重要
国家认同	○	○	○	○	○
全球意识	○	○	○	○	○
社会参与与贡献	○	○	○	○	○
多元文化理解	○	○	○	○	○
沟通交流能力	○	○	○	○	○
合作协作能力	○	○	○	○	○
劳动意识	○	○	○	○	○
法律与规则意识	○	○	○	○	○
信息意识	○	○	○	○	○
信息能力	○	○	○	○	○
数据分析能力	○	○	○	○	○
社会实践经验	○	○	○	○	○

附录3　高职学生职业核心素养状况调查问卷（一）

亲爱的同学，您好！感谢您抽出宝贵的时间来填写调查问卷。这是一份关于高职学生职业核心素养情况的调查问卷，请您根据自己的实际情况认真作答，以便我们能够了解和掌握高职学生职业核心素养及其培养现状的第一手资料。调查采用无记名方式，收集到的资料仅用于统计分析，您的个人资料不会被公开。衷心感谢您的配合与支持！

一、基本信息

1. 您所在的学校
_____

2. 您所学的专业
_____

3. 您的性别？

  A. 男   B. 女

4. 您所在的年级？

  A. 一年级   B. 二年级

  C. 三年级   D. 其他年级

二、职业核心素养自我评价

1. 在职业品格与修养方面，您认为自己已经具备了哪些方面的素养？【可多选】

  A. 自我认同   B. 性格品质

  C. 生命与健康意识   D. 质量意识

  E. 国家认同   F. 劳动意识

  G. 法律与规则意识

2. 在职业品格与修养方面，您认为自己哪些方面的素养存在不足需要提高？【可多选】

  A. 自我认同   B. 性格品质

C. 生命与健康意识 D. 质量意识

E. 国家认同 F. 劳动意识

G. 法律与规则意识

3. 在生活与生涯素养方面,您认为自己已经具备了哪些方面的素养?【可多选】

A. 生涯发展与规划 B. 领导力与责任感

C. 职业适应能力 D. 岗位迁移能力

E. 社会参与与贡献 F. 多元文化理解

G. 社会实践经验

4. 在生活与生涯素养方面,您认为自己哪些方面的素养存在不足需要提高?【可多选】

A. 生涯发展与规划 B. 领导力与责任感

C. 职业适应能力 D. 岗位迁移能力

E. 社会参与与贡献 F. 多元文化理解

G. 社会实践经验

5. 在学习与创新素养方面,您认为自己已经具备了哪些方面的素养?【可多选】

A. 学会学习 B. 问题解决能力

C. 批判质疑精神 D. 主动探索与研究

E. 创造创新能力 F. 沟通交流能力

G. 合作协作能力

6. 在学习与创新素养方面,您认为自己哪些方面的素养存在不足需要提高?【可多选】

A. 学会学习 B. 问题解决能力

C. 批判质疑精神 D. 主动探索与研究

E. 创造创新能力 F. 沟通交流能力

G. 合作协作能力

7. 在信息与技术素养方面,您认为自己已经具备了哪些方面的素养?【可多选】

A. 技术应用能力 B. 任务执行能力

C. 资源统筹能力 D. 机器管理能力

E. 信息意识 F. 信息能力

G. 数据分析能力

8. 在信息与技术素养方面，您认为自己哪些方面的素养存在不足需要提高？【可多选】

A. 技术应用能力　　　　　　B. 任务执行能力
C. 资源统筹能力　　　　　　D. 机器管理能力
E. 信息意识　　　　　　　　F. 信息能力
G. 数据分析能力

三、职业核心素养培养状况

1. 职业核心素养包括职业品格与修养、生活与生涯素养、学习与创新素养、信息与技术素养四个层面，您认为哪个更重要？【可多选】

A. 职业品格与修养　　　　　B. 生活与生涯素养
C. 学习与创新素养　　　　　D. 信息与技术素养

2. 您所在的学校重视职业核心素养哪些层面的培养？【可多选】

A. 职业品格与修养　　　　　B. 生活与生涯素养
C. 学习与创新素养　　　　　D. 信息与技术素养

3. 您认为学校职业核心素养教育与实际需求是否贴近？

A. 很贴近　　　　　　　　　B. 比较贴近
C. 只有很少部分有用　　　　D. 一点都不沾边

4. 您比较认同学校职业核心素养培养的哪种方式？【可多选】

A. 理论教学　　　　　　　　B. 实践教学
C. 顶岗实习　　　　　　　　D. 各种活动

5. 您对学校职业核心素养培养做法的满意度？

A. 非常满意　　　　　　　　B. 比较满意
C. 不满意　　　　　　　　　D. 非常不满意

6. 您认为在校期间哪些活动更有利于提升职业核心素养？【可多选】

A. 职业素养课程　　　　　　B. 考取技能证书
C. 参加技能竞赛　　　　　　D. 参与校园活动和社团活动
E. 企业实践锻炼　　　　　　F. 参加社会实践活动
G. 学校实习实训　　　　　　H. 学好专业课程
I. 其他＿＿＿＿＿＿＿＿＿＿＿＿＿＿＿＿＿（如有其他，请注明）

7. 您是否有意识地主动培养自己的职业核心素养?
    A. 经常   B. 偶尔
    C. 没有   D. 没想过

再次感谢您填写问卷,祝您在今后学习中学业有成!在职业发展中大展宏图!

附录4 高职学生职业核心素养状况调查问卷(二)

敬爱的老师,您好!这是一份关于高职学生职业核心素养培养状况的调查问卷,请您根据实际情况认真作答,以便我们能够了解和掌握到第一手资料。本次问卷调查采用无记名方式,收集到的资料仅用于统计分析,您的个人资料不会被公开。衷心感谢您的配合与支持!

一、基本信息

1. 您的性别?
   A. 男　　　　　　　　　B. 女

2. 您的教育背景?
   A. 本科以下　　　　　　B. 本科
   C. 硕士　　　　　　　　D. 博士

3. 您的技术职称?
   A. 初级　　　　　　　　B. 中级
   C. 高级　　　　　　　　D. 其他

4. 您从事职业教育的教龄?
   A. 2年以下　　　　　　 B. 2～5年
   C. 5～10年　　　　　　 D. 10年以上

5. 您是"双师型"教师吗?
   A. 是　　　　　　　　　B. 即将是
   C. 不是　　　　　　　　D. 不确定

二、高职学生职业核心素养评价

1. 在职业品格与修养方面,您认为高职学生已经具备了哪些素养?【可多选】
   A. 自我认同　　　　　　B. 性格品质
   C. 生命与健康意识　　　D. 质量意识
   E. 国家认同　　　　　　F. 劳动意识
   G. 法律与规则意识

2. 在职业品格与修养方面,您认为高职学生还比较欠缺那些素养?【可多选】

  A. 自我认同   B. 性格品质

  C. 生命与健康意识   D. 质量意识

  E. 国家认同   F. 劳动意识

  G. 法律与规则意识

3. 在生活与生涯素养方面,您认为高职学生已经具备了哪些素养?【可多选】

  A. 生涯发展与规划   B. 领导力与责任感

  C. 职业适应能力   D. 岗位迁移能力

  E. 社会参与与贡献   F. 多元文化理解

  G. 社会实践经验

4. 在生活与生涯素养方面,您认为高职学生还比较欠缺那些素养?【可多选】

  A. 生涯发展与规划   B. 领导力与责任感

  C. 职业适应能力   D. 岗位迁移能力

  E. 社会参与与贡献   F. 多元文化理解

  G. 社会实践经验

5. 在学习与创新素养方面,您认为高职学生已经具备了哪些素养?【可多选】

  A. 学会学习   B. 问题解决能力

  C. 批判质疑精神   D. 主动探索与研究

  E. 创造创新能力   F. 沟通交流能力

  G. 合作协作能力

6. 在学习与创新素养方面,您认为高职学生还比较欠缺那些素养?【可多选】

  A. 学会学习   B. 问题解决能力

  C. 批判质疑精神   D. 主动探索与研究

  E. 创造创新能力   F. 沟通交流能力

  G. 合作协作能力

7. 在信息与技术素养方面,您认为高职学生已经具备了哪些素养?【可多选】

  A. 技术应用能力   B. 任务执行能力

  C. 资源统筹能力   D. 机器管理能力

  E. 信息意识   F. 信息能力

  G. 数据分析能力

8. 在信息与技术素养方面,您认为高职学生还比较欠缺那些素养?【可多选】
    A. 技术应用能力　　　　　B. 任务执行能力
    C. 资源统筹能力　　　　　D. 机器管理能力
    E. 信息意识　　　　　　　F. 信息能力
    G. 数据分析能力

三、高职学生职业核心素养培养状况评价

1. 职业核心素养包括职业品格与修养、生活与生涯素养、学习与创新素养、信息与技术素养四个层面,您认为哪个更重要?【可多选】
    A. 职业品格与修养　　　　B. 生活与生涯素养
    C. 学习与创新素养　　　　D. 信息与技术素养

2. 您所在的学校更加重视职业核心素养哪些层面的培养?【可多选】
    A. 职业品格与修养　　　　B. 生活与生涯素养
    C. 学习与创新素养　　　　D. 信息与技术素养

3. 您所在学校职业核心素养教育与实际需求是否贴近?
    A. 很贴近　　　　　　　　B. 比较贴近
    C. 只有很少部分有用　　　D. 一点都不沾边

4. 您比较认同目前学校职业核心素养培养的哪种方式?【可多选】
    A. 理论教学　　　　　　　B. 实践教学
    C. 顶岗实习　　　　　　　D. 各种活动

5. 您对目前学校职业核心素养培养做法的满意度?
    A. 非常满意　　　　　　　B. 比较满意
    C. 不满意　　　　　　　　D. 非常不满意

6. 您认为学校哪些活动更有利于高职学生职业核心素养培养?【可多选】
    A. 职业素养课程　　　　　B. 考取技能证书
    C. 参加技能竞赛　　　　　D. 参与校园活动和社团活动
    E. 企业实践锻炼　　　　　F. 参加社会实践活动
    G. 学校实习实训　　　　　H. 学好专业课程
    I. 其他_____

_____

(如有其他,请注明)

7. 学校在职业核心素养培养中存在的主要问题：_____
_____
_____
_____

8. 学校应当采取哪些有效措施帮助学生提升职业核心素养：_____
_____
_____
_____

再次感谢您填写问卷，祝您工作顺利！万事顺意！

参考文献

一、中英文学术著作

(一) 英文著作

[1] Rosie Turner-Bisset. Expert Teaching: Knowledge and Peda-gogy to Lead the Profession [M]. London: David Fulton Publishers Ltd, 2001.

[2] Rychen S, Salganik. L. H. Defining and selecting key competencies [M]. Gottingen, Germany: hogrefe & huber, 2001.

[3] Freeman. E. Strategic Management: A Stakeholder Approach[M]. Boston: Pitman Press, 1984.

[4] Haasler B, Erpenbeck J. Assessing Vocational Competences[M]In: Rauner F. & Maclean R. eds. Handbook of TVET Research. Dordrecht: Springer, 2008.

[5] Nancy, Evans, Etc. Student Development In College: Theory, Research and Practice[M]. JOSSEY-BASS, 2010.

(二) 中文著作

[1][美]安德鲁·阿伯特.职业系统:论专业技能的劳动分工[M].李荣山,译.北京:商务印书馆,2016.

[2][德]弗里德里希·拉普.技术哲学导论[M].刘武,康荣平,吴明泰,

译.沈阳:辽宁科学技术出版社,1986.

[3][德]卡尔·马克思.机器、自然力和科学的应用[M].北京:人民出版社,1978.

[4][美]阿尔温·托夫勒.创造一个新的文明——第三次浪潮的政治[M].陈峰,译.北京:人民出版社,1995.

[5][美]托马斯·库恩.科学革命的结构[M].金吾伦,胡新和,译.北京:北京大学出版社,2003.

[6][英]罗杰·奥斯本.钢铁、蒸汽与资本[M].曹磊,译.北京:电子工业出版社,2016.

[7][英]亚当·斯密.国民财富的性质和原因的研究[M].郭大力,亚南,译.北京:商务印书馆,2015.

[8][美]霍华德·加德纳.多元智能新视野[M].沈致隆,译.杭州:浙江人民出版社,2017.

[9][加]迈克尔·富兰.教育变革新意义[M].赵中建,等,译.北京:教育科学出版社,2005.

[10][美]查尔斯·菲德尔,玛雅·比亚利克,伯尼·特里林.四个维度的教育:学习者迈向成功的必备素养[M].罗德红,译.上海:华东师范大学出版社,2017.

[11][美]罗伯特·斯腾伯格,陶德·陆伯特.创意心理学[M].曾盼盼,译.北京:中国人民大学出版社,2009.

[12][美]爱德华·弗里曼.战略管理:利益相关者管理的分析方法[M].王彦华,梁豪,译.上海:上海译文出版社,2006.

[13][日]佐藤学.教师的挑战:宁静的课堂革命[M].钟启泉,陈静静,译.上海:华东师范大学出版社,2012.

[14][德]斐迪南·滕尼斯.共同体与社会[M].林荣远,译.北京:商务印书馆,1999.

[15][美]凯文·拉古兰德,詹姆斯·J.休斯.未来的就业:技术性失业与解决之道[M].艾辉,冯丽丽,译.北京:人民邮电出版社,2018.

[16][美]Fred C.Lunenburg,Alan C.Ornstein.教育管理学:概念与实践[M].第五版.朱志勇,郑磊,译.北京:教育科学出版社,2011.

[17][美]威廉·G.坎宁安,保拉·A.科尔代罗.教育管理:基于问题的方

法[M].赵中建,译.南京:江苏教育出版社,2002.

[18][德]卡尔·雅斯贝尔斯.什么是教育[M].邹进,译.北京:生活·读书·新知三联书店,1991.

[19][美]切斯特·巴纳德.组织与管理[M].詹正茂,译.北京:机械工业出版社,2016.

[20][美]罗伯特·B.登哈特.公共组织理论[M].扶松茂,丁力,译.北京:中国人民大学出版社,2014.

[21][美]威廉·维尔斯马,斯蒂芬·G.于尔斯.教育研究方法导论[M].袁振国,译.北京:教育科学出版社,2015.

[22]马克思恩格斯选集[M].第3卷.北京:人民出版社,1972.

[23]林崇德.21世纪学生发展核心素养研究[M].北京:北京师范大学出版社,2016.

[24]查吉德.职业教育人才培养目标的理论与实证研究[M].广州:暨南大学出版社,2015.

[25]联合国教科文组织.教育——财富蕴含其中[M].北京:教育科学出版社,1996.

[26]联合国教科文组织国际教育发展委员会.学会生存——教育世界的今天和明天[M].华东师范大学比较教育研究所,译.上海:上海译文出版社,1982.

[27]联合国教科文组织编.反思教育:向"全球共同利益"的理念转变[M].联合国教科文组织总部中文科,译.北京:教育科学出版社,2017.

[28]汤因比,池田大作.展望21世纪——汤因比与池田大作对话录[M].北京:国际文化出版公司,1985.

[29]黄群慧,贺俊,等.新工业革命:理论逻辑与战略视野[M].北京:社会科学文献出版社,2016.

[30]姜大源.职业教育要义[M].北京:北京师范大学出版社,2017.

[31]顾建军,邓宏宝.职业教育名著导读[M].北京:教育科学出版社,2015.

[32]郑东辉.教师评价素养发展研究[M].杭州:浙江大学出版社,2014.

[33]中国社会科学院语言研究所词典编辑室.现代汉语词典[M].北京:商务印书馆,2005.

[34] 袁贵仁.价值观的理论与实践:价值观若干问题的思考[M].北京:北京师范大学出版社,2013.

[35] 阿里研究院.互联网+:从IT到DT[M].北京:机械工业出版社,2015.

[36] 佟庆伟,秋实.个体素质结构论[M].北京:中国科学技术出版社,2001.

[37] 扈中平.教育目的论[M].武汉:湖北教育出版社,1997.

[38] 李玉芳.多彩的学生评价[M].北京:教育科学出版社,2009.

[39] 黎加厚.新教育目标分类概论[M].上海:上海教育出版社,2010.

[40] 陈玉琨.教育评价学[M].北京:人民教育出版社,1999.

[41] 梁毳.职业素养训练[M].北京:机械工业出版社,2012.

[42] 梁枫.职业素养修炼[M].上海:同济大学出版社,2012.

[43] 刘兰明.职业基本素养[M].北京:高等教育出版社,2009.

[44] 杨俭修,杜元刚.职业素养提升[M].北京:高等教育出版社,2011.

[45] 王冰田.职业素养与职业发展——从校园到职场[M].北京:北京师范大学出版社,2010.

[46] 杨九诠.学生发展核心素养三十人谈[M].上海:华东师范大学出版社,2017.

[47] 于红妍,孙麒麟.体育学视阈下的我国大学生健康素养的理论与测评研究[M].北京:北京体育大学出版社,2016.

[48] 赵琛徽.人员素质测评[M].武汉:武汉大学出版社,2015.

[49] 周凯歌,卢彦.工业4.0:转型升级路线图[M].北京:人民邮电出版社,2016.

[50] 武杰,周玉萍.创新、创造与思维方法[M].北京:兵器工业出版社,2004.

[51] 赵志群.职业教育工学结合一体化课程开发指南[M].北京:清华大学出版社,2009.

[52] 王晨,刘男.互联网+教育:移动互联网时代的教育大变革[M].北京:中国经济出版社,2015.

[53] 叶澜.教育学[M].北京:人民教育出版社,1989.

[54] 叶澜.教育概论[M].北京:人民教育出版社,2013.

［55］毛庆根.职业素养与职业发展［M］.北京:科学出版社,2011.

［56］杨伯峻.论语译注［M］.北京:中华书局,2011.

［57］中华职业教育社.黄炎培教育文集［M］.第一卷.北京:中国文史出版社,1995:213.

［58］戴本博.外国教育史［M］.北京:人民教育出版社,1989.

［59］张新平,褚宏启.教育管理学通论［M］.北京:高等教育出版社,2012.

二、学位、期刊或会议论文

(一) 英文论文

［1］Arthur M B. The Boundaryless Calter: A new perspective for organizational inquiry［J］.Journal of organizational Behavior,1994(15):295-306.

［2］L S Shulman. Those Who Understand: Knowledge Growth in Teaching［J］.Educational Researcher,1986(2):4-14.

［3］HC Hill, D L Ball, M L Blunk, etc. Validating the Ecological Assumption: The Relationship of Measure Scores to Classro-om Teaching and Student Learning ［J］. Measurement: Interdisciplinary Research and Perspectives,2007 (5): 107-118.

［4］Anthony Kelly. The evolution of key skills［J］. Vocational education & Training,2006(6):8-15.

［5］Maria Athina Martimianakis,Jerry M Maniate1 & Brian David Hodges1. Sociological interpretations of professionalism［J］.Medical Eduaction,2009(43):39-42.

［6］Levy F, Murnane R. J. The New Division of Labor:How Computers are Creating the Next Job Market［J］.Princeton:Princeton University Press,2004(2):87-89.

［7］John Dembach, Stephen Sterling. Crossing the sustainability chasm: Strategies and Tactics toachieve sustainability goals(White Paper)［J］.Journal of Education for sustainable development.2013(7):133-134.

［8］Roe A. Patterns of Productivity of scientists［J］. Science. 1972(176):

940-941.

[9] Norman Kaplan. Some Organizational Factors Affecting Creativity[J].Engineering Management.1960(3):24-30.

[10] Dan Zahavi. Empathy, Embodiment and Interpersonal Understanding: from Lippsto Schutz[J]. World Philosophy.2010(1):9-25.

[11] McLagan, P.A, Christo, N.A new leadership style for genuine total quality[J]. Journal for Quality & Participation. 1996,19(3):14.

[12] Kuh G D. The National Survey of Student Engagement: Conceptual Framework and Overview of Psychometric Properties[J]. Bloomington, 2001.

[13] Alfassi M. Effects of learner-centerde environment on the academic competence and motivatiaon of students at risk[J]. Learning Environments Research,2004, 7(1):1-22.

[14] Avalos B. Teacher Professional Development inTeaching and Teacher Education over ten year[J]. Teaching and Teacher Education,2011,27(1):10-20.

[15] Brookhart S.M. Editorial: In this issue[J]. Educational Measurement: Issues and Practice,2009,28(1):1-2.

[16] Brookhart S.M. Educational Assessment Knowledge and Skills for Teachers[J]. Educational Measurement: Issues and Practice,2011,30(1):3-12.

[17] Falk B. Standards-based Reform: Problems and Possibilities[J]. Phi Delta Kappan, 2002,83(8):612-620.

[18] McTighe J, ken O'Connor.Seven Practices for Effective Learning[J]. Educational Leadership,2005,63(3):10-17.

[19] Shepard L.A. The Role of Assessment in a Learning Culture[J]. Educational Researcher,2000,29(7):4-14.

[20] Stiggins R.J. Aaaessment, Student Confidence, and School Success. Phi Delta Kappan,1999,81(3):191-198.

(二) 中文论文

[1] 方健华.中职学生职业核心素养评价及其标准体系建构研究[D].南京师范大学,2009.12.

[2] 姜晓坤.面向新工业革命的我国工程教育人才培养模式研究[D].大

连理工大学,2018.5.

[3] 孙冬英.基于多元智能理论的中职学生评价体系构建[D].浙江工业大学,2006.5.

[4] 许为霞.中等职校学生职业道德素养养成的实践探究[D].华东师范大学,2006.10.

[5] 钦梅.中等职业学校学生专业能力发展性评价研究[D].河北师范大学,2008.5.

[6] 曾昭慧.以职业素养形成为导向的高职校园文化建设[D].西南财经大学,2009.12.

[7] 韩颖.高职院校旅游学生职业素质评价体系的构建[D].中国海洋大学,2009.8.

[8] 杨琼.高职学生职业能力评价体系研究[D].浙江师范大学,2010.5.

[9] 杨玉芹.从职业能力到职业素养:当代职业教育发展的价值超越[D].渤海大学,2012.6.

[10] 顾茜茜.高职建筑工程类专业学生职业素养培养研究[D].浙江工业大学,2016.5.

[11] 谢芳燕.高中生地理核心素养体系模型的建构[D].华中师范大学,2016.5.

[12] 王存娟.职业核心素养结构的分析[D].南京师范大学,2017.5.

[13] 殷智远.创新人才素质测量研究[D].中南大学,2017.6.

[14] 张弛.基于企业视角的高技能人才职业能力培养研究[D].天津大学,2014.6.

[15] 鲁洁.教育的原点:育人[J].华东师范大学学报(教育科学版),2008(4):15-22.

[16] 黄凯.基于层次分析法的高职酒店专业学生职业素养评价[J].经济研究导刊,2012(29):263-264.

[17] 彭文胜.论职业素养评价的职业行动目标测量方法[J].教育与职业,2017(8):72-76.

[18] 王其红.高职学生隐性职业素养的培育模式与量化评价研究[J].黑龙江教育学院学报,2017(1):61-63.

[19] 安晓玲.高职学生隐性职业素养的培育模式与量化评价研究[J].黑

龙江教育,2017(3):35-36.

[20] 安桂清.基于核心素养的课程整合:特征、形态与维度[J].课程教材与教法,2018(9):48-54.

[21] 高德胜."核心素养"的隐喻分析:意义与局限[J].教育发展研究,2018(6):31-39.

[22] 蒋永红."核心素养"概念本土化及甄选和构建原则研究[J].教师教育论坛,2016(12):20-24.

[23] 肖凤翔.职业教育与专业学位教育同质性思考[J].西南交通大学学报(社会科学版),2012(6):79.

[24] 肖凤翔,付小倩.职业能力标准演进的技术实践逻辑[J].西南大学学报(社会科学版),2018(6):45-50.

[25] 陈宏艳,徐国庆.职业教育学生核心素养体系构建:背景与思路[J].当代职业教育,2018(1):22-26.

[26] 高伟.论"核心素养"的证成方式[J].教育研究,2017(7):4-13

[27] 刘恒山,王泽应.儒家以德立命的伦理精神建构[J].湖南师范大学社会科学学报,2013(5):23-29.

[28] 肖凤翔,所静.职业及其对教育的规定性[J].天津大学学报(社会科学版),2011(5):435-440.

[29] 乔为.核心素养的本质与培育:基于职业教育的视角[J].职业技术教育,2018(13):20-27.

[30] 刘新阳.教育目标系统变革视角下的核心素养[J].全球教育展望,2017(10):49-63.

[31] 余东华,胡亚男,吕逸楠.新工业革命背景下"中国制造2025"的技术创新路径和产业选择研究[J].天津社会科学,2015(4):98-107.

[32] 邱学青,李正,吴应良.新工业革命的人本内涵及其对工程教育改革的启示[J].高等工程教育,2016(4):16-22.

[33] 徐莉.对第三次工业革命本质内涵的教育审视[J].教育研究与实验,2013(2):21-24.

[34] 龙宇.国际工程教育发展与合作:机遇、挑战与使命[J].高等工程教育研究,2015(6):1-5.

[35] 李智明.新工业革命时代技术进步对就业的挑战与思考[J].江西社

会科学,2018(11):78-85.

[36] 黄四林,左璜,莫雷.学生发展核心素养研究的国际分析[J].中国教育学刊,2016(6):8-14.

[37] 师曼,等.21世纪核心素养的框架及要素研究[J].华东师范大学学报(教育科学版),2016(3):29-37.

[38] 李新.核心素养结构的四种类型比较研究[J].上海教育科研,2016(8):29-32.

[39] 辛涛,姜宇.全球视域下学生核心素养模型的构建[J].人民教育,2015(9):54-58.

[40] 蔡清田.核心素养在台湾十二年国民基本教育课程改革的角色[J].全球教育展望,2016(2):13-23.

[41] 张志军,郭莹.高职学生职业核心素养培育路径探究[J].中国职业技术教育,2017(4):52-57.

[42] 褚宏启,张咏梅,田一.我国学生的核心素养及其培育[J].中小学管理,2015(9):4-7.

[43] 楼飞燕,王曼,杜学文.德国职业教育核心素养的探究及启示[J].黑龙江高教研究,2018(1):55-58.

[44] 陈向阳.核心素养的职教表达与可能路径[J].当代职业教育,2018(1):18-21.

[45] 杨志成.核心素养的本质追问与实践探析[J].教育研究,2017(7):14-20.

[46] 张平仁,郜舒竹.论构建凸显中国价值观的核心素养体系[J].河北师范大学学报(教育科学版),2017(3):77-82.

[47] 杨鑫辉.人脑的结构·潜能·开发[J].河北师范大学学报(教育科学版),2001(1):44-49.

[48] 蔡清田.核心素养的学理基础与教育培养[J].华东师范大学学报(教育科学版),2018(1):42-54.

[49] 贺修炎.构建利益相关者共同治理的高职教育校企合作模式[J].教育理论与实践,2008(11):18-21.

[50] 黄浩岚.高职教育利益相关者理论研究的若干问题[J].教育与职业,2013(21):5-8.

[51] 张兄武.基于利益相关者理论的本科应用型人才培养"责任共担"机制探究[J].高等工程教育研究,2013(1):127-133.

[52] 任泽中.构建"纵横有道"的大学生创新创业能力培育体系[J].中国高等教育,2016(12):60-62.

[53] 郭翔飞,程晓堂.培养学生核心素养课程改革的国外经验及启示[J].黑龙江高教研究,2016(9):63-66.

[54] 石鸥,张文.学生核心素养培养呼唤基于核心素养的教科书[J].课程·教材·教法,2016(9):14-19.

[55] 李光亮.职业院校学生发展核心素养培养与职业素质教育类教材开发[J].中国职业技术教育,2018(23):83-93.

[56] 胡钦太,林晓凡,郭锂.面向高等教育创新人才核心素养培养的慕课应用模式研究[J].电化教育研究,2018(6):61-66.

[57] 荆全忠,邢鹏."互联网+"背景下高校教学模式创新研究[J].教育探索,2015(9):98-100.

[58] 黄友初.核心素养视域下教师知识的解构与建构[J].上海师范大学学报(哲学社会科学版),2019(2):106-113.

[59] 刘春花.利益相关者视角中的大学教学质量评价标准体系架构[J].黑龙江高教研究,2009,(11):21-23.

[60] 张传燧,邹群霞.学生核心素养及其培养的国际比较研究[J].课程·教材·教法,2017(3):37-44.

[61] 陈宝琪.基于核心素养培育的评价"引擎"创新[J].教学与管理,2018(4):119-121.

[62] 褚宏启.核心素养的概念与本质[J].华东师范大学学报(教育科学版),2016(1):1-3.

[63] 孙思雨.国内关于核心素养研究的文献综述[J].基础教育研究,2016(17):14-20.

[64] 褚宏启.核心素养的核心与教育工作的重心[J].中小学管理,2016(10):1.

[65] 章立东.中国制造2025背景下制造业转型升级的路径研究[J].江西社会科学,2016(4):43-47.

[66] 徐国庆.智能化时代职业教育人才培养模式的根本转型[J].教育研究,2016(3):72-78.

[67] 章永刚.中国制造 2025 背景下专科高职教育发展的理性思考[J].中国职业技术教育,2016(28):65-69.

[68] 胡斌武.中国制造 2025 与现代职业教育发展路径探索[J].山西大学学报(哲学社会科学版),2016(5):91-96.

[69] 陈鹏.《中国制造 2025》与现代职业教育转型发展[J].教育发展研究,2015(17):15-20.

[70] Dominique Simone Rychen,Laura Hersh Salganik,滕梅芳,盛群力.勾勒关键能力,打造优质生活——OECD 关键能力框架概述[J].远程教育杂志,2007(5):24-32.

[71] 张应强,张洋磊.从科技发展新趋势看培养大学生核心素养[J].高等教育研究,2017(12):73-80.

[72] 桑雷."互联网+"背景下教学共同体的演进与重构[J].高教探索,2016(3):79-82,92.

[73] 陆刚兰.论高职学生职业素养的养成[J].中国成人教育,2008(24):111-112.

[74] 辛涛,姜宇,刘霞.我国义务教育阶段学生核心素养模型的构建[J].北京师范大学学报(社会科学版),2013(1):5-11.

[75] 桑雷.基于知识图谱的核心素养研究热点及演进趋势[J].高等理科教育,2018(4):15-21.

[76] 王烨晖,辛涛.基于核心素养的课程改革之关键问题[J].人民教育,2017(Z1):37-40.

[77] 任学宝.核心素养培育要落实到学科教学的四个层次[J].人民教育,2017(Z1):55-59.

[78] 蔡清田.领域/科目核心素养的课程发展[J].上海教育科研,2017(2):5-8.

[79] 张建桥.培养学生核心素养亟待教学转型[J].中国教育学刊,2017(2):6-12.

[80] 桑雷,郑毅.中国制造 2025 下职业教育人才培养的智能指向及实现[J].2017(19):8-13.

[81] 王洋,钟韬.基于模糊综合评价法的学生职业素养评价体系研究[J].佛山科学技术学院学报(自然科学版),2017(3)9-12.

[82] 鄂甜.中职、专科高职和应用技术本科教育人才培养目标分层解析[J].职业技术教育,2015(1):13-17.

三、报刊、网络资料

(一) 英文资料

[1] Positive Impact of Industrial Robots on Employment. IFR Report,2013.

[2] Australian National Training Authority, guidelines for course development, A guide to developing VET course for accreditation under the Australian Quality Training Framework,2002.

[3] OECD.Definition and selection of competencies(DeSeCo)[EB/OL].[2016-05-15].http://www.oecd.org/education/skils-beyond-school/definitionandselectionofcompetenciesdeseco.htm.

[4] UNESCO.Towards universal learning: what everychild shouldlearn[R].Paris: UNESCO,2013.

[5] U. S. Department of Labor and the Secretary's Commissionon Achieving Necessary Skills. What work requires of schools[EB/OL].(1991-06-30)[2015-03-04].http://www.bisd.us/curriculum/Old20%Files/Downloads/Frameworks/Secondary/Middle%20School%20Frameworks/6th%20Grade/6th%20Grade%20SCANS%20Middle%20School.pdf.

[6] Business and Industry Advisory Council.http://biac.org/wp-content/uploads/2015/06/15-06-Synthesis-BIAC-Character-Survey1.pdf.

[7] Flexnib. "That Alvin Toffler Quotation."http://www.flexnib.com/2013/07/03/that-alvin toffler-quotation.

[8] R. W. Sperry.Split-Brain Approach to Learning Priblem[EB/OL].2012-09-20,http://people.Uncw.edu/Puente/sperry/sperry papers/60s/130-1967.pdf.

[9] Kegan·R.Competencies as working epistemologies: Way s we want adults to know. In The Change management toolbook: theory and practice of stakeholder analysis. http://hange-management-toolbook.com/

tools/SA.html.Last access:2006-10-06.

[10] OECD (2005) The definition and selection of key competencies. [EB/OL]. Available online at: http://www.oecd.org/dataoecd/47/61/35070367.pdf.

[11] Obama B. Remarks by the President in State of the Union Address [EB/OL]. [2010-01-27]. http://www.whitehouse.gov/the-press-office/remarks-president-state-union-address.

[12] Obama B. Remarks by the President in State of Union Address [EB/OL]. [2011-01-25]. http://www.whitehouse.gov/the-press-office/2011/01/25/remarks-president-state-union-address.

[13] Zhang, Associates, P.C. L-1 Visa[EB/OL]. (2016—1212)[2016-12-16]. http://www.hooyou.com/h-1b/index.html.

[14] David Haworth and Geoff Browne. Key Competencies. Second Edition [R]. St. Leonard's: New South WalesTAFE Commission, 1991/1992.

[15] De Se Co. Definition and Selection of Competencies: Ex-ecutive Summary[EB/OL]. https://www.oecd.org/pisa/35070367.pdf, 2017-01-16.

[16] Key competences for lifelong learning [EB/OL]. http://eur-lex.europa.eu/legal-content/EN/TXT/? uri= UR IS-ER V%3Ac11090, 2017-01-16.

[17] Ministry of Education, Singapore. 21st Century Com-petencies [EB/OL]. https://www.moe.gov.sg/education/ed-ucation-system/21st-century-competencies, 2017-01-16.

[18] N Z Curriculum Online. Key competencies[EB/OL]. http://nzcurriculum.tki.org.nz/Key-competencies, 2017-01-16.

[19] P21. Framework for 21st Century Learning[EB/OL]. http://www.p21.org/our-work/p21-framework, 2017-01-16.

[20] The Key Competences for Lifelong Learning EuropeanR eference Framework [EB/OL]. https://www.erasmusplus.org.uk/file/272/download, 2017-01-16.

(二) 中文资料

[1] 刘英杰.中国教育大事典(1949—1990)[Z].杭州:浙江教育出版社,1993:1685.

[2] 谢应平.创新人才贵在责任心和自信心[N].中国教育报,2009-04-28(5).

[3] 徐健.核心素养并非基础教育专有名词[N].中国教育报,2016-11-08(9).

[4] 中华人民共和国教育部.关于全面提高高等职业教育教学质量的若干意见[EB/OL]. http://old.moe.gov.cn/publicfiles/business/htmlfiles/moe/moe_1464/200704/21822.html,2006-11-16.

[5] 中华人民共和国教育部.关于推进高等职业教育改革发展的若干意见[EB/OL]. http://www.sjzgsxy.com/Item-234.aspx,2010-09-13.

[6] 中华人民共和国教育部.关于推进高等职业教育改革创新引领职业教育科学发展的若干意见[EB/OL]. http://old.moe.gov.cn//publicfiles/business/htmlfiles/moe/s6342/201407/xxgk_171561.html,2011-09-29.

[7] 中华人民共和国国务院新闻办公室.国务院关于加快发展现代职业教育的决定[EB/OL]. http://www.scio.gov.cn/ztk/xwfb/2014/gxbjhzyjyggy fzqkxwfbh/xgbd31088/Document/1373573/1373573_1.htm,2014-06-24.

[8] "机器换人"大势渐成[EB/OL].http://news.163.com/15/1125/00/B97P357V00014Q4P.html.

[9] 百度百科.中国学生发展核心素养[EB/OL].https://baike.so.com/doc/24396081-25220490.html.

[10] 北京师范大学中国教育创新研究院.21世纪核心素养5C模型研究报告(中文版摘要)[EB/OL]. https://mp.weixin.qq.com/s?__biz=MzUzOT c3NTEyMg%3D%3D&idx=3&mid=2247483669&sn=319c988f4573 1afc4e10a8a54ad15b26

[11] 中华人民共和国教育部.关于《中国教育改革和发展纲要》的实施意见[EB/OL]. http://old.moe.gov.cn//publicfiles/business/htmlfiles/moe/moe_177/200407/2483.html,1994-07-03.

[12] 中华人民共和国教育部.面向二十一世纪深化职业教育教学改革的原则意见[EB/OL]. http://old.moe.gov.cn//publicfiles/business/htmlfiles/moe/moe_958/200506/8944.html,1998-02-16.

[13] 中华人民共和国教育部.面向21世纪教育振兴行动计划[EB/OL]. http://old.moe.gov.cn//publicfiles/business/htmlfiles/moe/s6986/200407/2487.html,1998-12-24.

[14] 中华人民共和国教育部.关于加强高职高专教育人才培养工作的意见[EB/OL]. http://old.moe.gov.cn//publicfiles/business/htmlfiles/moe/A08_sjhj/201109/124842.html,2000-01-17.

[15] 中华人民共和国国务院新闻办公室.关于大力推进职业教育改革与发展的决定[EB/OL]. http://www.gov.cn/gongbao/content/2002/content_61755.htm,2002-08-24.

[16] 中华人民共和国教育部.2003—2007年教育振兴行动计划[EB/OL]. http://old.moe.gov.cn//publicfiles/business/htmlfiles/moe/moe_177/200407/2488.html,2004-02-10.

[17] 中华人民共和国教育部.关于推进中等和高等职业教育协调发展的指导意见[EB/OL]. http://www.moe.edu.cn/srcsite/A07/s7055/201112/t20111230_171564.html,2011-12-30

[18] 中华人民共和国教育部.国家教育事业发展第十二个五年规划[EB/OL]. http://old.moe.gov.cn//publicfiles/business/htmlfiles/moe/moe_630/201207/139702.html,2012-06-14.

[19] 中华人民共和国教育部.关于进一步推进职业教育信息化发展的指导意见[EB/OL]. http://www.moe.gov.cn/srcsite/A07/zcs_zhgg/201709/t20170911_314171.html,2017-09-05.

[20] 中华人民共和国教育部.关于印发《职业学校校企合作促进办法》的通知[EB/OL]. http://www.moe.gov.cn/srcsite/A07/s7055/201802/t20180214_327467.html,2018-02-12.

[21] 中华人民共和国中央人民政府.国务院关于印发国家职业教育改革实施方案的通知[EB/OL].http://www.gov.cn/zhengce/content/2019-02/13/content_5365341.htm.

[22] 中华人民共和国教育部.关于全面深化课程改革落实立德树人根本

任务的意见[EB/OL]. http://www.moe.edu.cn/srcsite/A01/s7048/201007/t20100729_171904.html,2010-07-29.

[23] 中华人民共和国教育部.面向21世纪教育振兴行动计划[EB/OL]. http://old.moe.gov.cn//publicfiles/business/htmlfiles/moe/s6986/200407/2487.html,1998-12-24.

[24] 中华人民共和国教育部.关于加强高职高专教育人才培养工作的意见[EB/OL]. http://old.moe.gov.cn//publicfiles/business/htmlfiles/moe/A08_sjhj/201109/124842.html,2000-01-17.

[25] 中华人民共和国教育部.关于推进高等职业教育改革创新引领职业教育科学发展的若干意见[EB/OL]. http://old.moe.gov.cn//publicfiles/business/htmlfiles/moe/s6342/201407/xxgk_171561.html,2011-09-29.

[26] 中华人民共和国中央人民政府.国务院关于印发国家教育事业发展"十三五"规划的通知[EB/OL].http://www.gov.cn/zhengce/content/2017-01/19/content_5161341.htm,2017-01-10.